Mark Goulston ist niedergelassener Arzt und Psychiater. Seine Ausbildung erhielt er an den Universitäten von Berkley und Boston, an der Menninger Foundation sowie an der Universität von Los Angeles, wo er heute am Neuropsychiatrischen Institut als Lehrbeauftragter tätig ist. Er ist zu Gast in zahlreichen Radio- und Fernsehsendungen. Dr. Goulston ist außerdem Präsident der Direct Conflict Resolution Group. Philip Goldberg ist Autor und Koautor von elf Sachbüchern.

Deutsche Erstausgabe August 1997

Titel der Originalausgabe: »Get Out of Your Own Way«

Originalverlag: Perigee/The Berkley Publishing Group, New York
Umschlaggestaltung: Agentur ZERO, München
Foto: Jmage Bank, München
Satz: Franzis-Druck, München
Druck und Bindung: Clausen & Bosse, Leck
Printed in Germany
ISBN 3-426-82125-7

5 4 3 2 1

Mark Goulston
Philip Goldberg

Die Kunst, sich nicht unterkriegen zu lassen

40 Probleme, die jeder hat, und ihre Lösung

Aus dem Amerikanischen
von Ursula Harzer

Knaur

In liebendem Gedenken an Irving Goulston, Ideal Stotsky und William McNary

Inhalt

Dank

Dank und Anerkennung schulde ich John Duff, der unbeirrt an dieses Buch glaubte, Lynn Franklin für ihre großzügige Unterstützung, Eric und Maureen Lasher, die mir von Anfang an mit Rat und Tat zur Seite standen, und Erika Schickel für ihre Hilfe bei der Schreibarbeit. Danken möchte ich auch meinen Kollegen Dres. Edwin Shneidman, Herbert Linden und Judd Marmor sowie Michael Cader, Mark und Mia Silverman, Preston Johnson, Vicki Martin, Dough Kruschke, Brooke Halpin, Julie Turkel, Alan Duncan Ross, Marilyn Kagan und meiner Mutter, Ruth Goulston. Zu Dank verpflichtet bin ich außerdem meiner Frau Lisa und meinen Kindern Lauren, Emily und Billy; sie haben Verständnis dafür aufgebracht, daß dieses Buch Zeit in Anspruch nahm, die ich ihnen nicht widmen konnte. Und zuletzt noch ein Dankeschön an meine Patienten, die mich inspirierten und die nie die Hoffnung aufgaben, ihr selbstschädigendes Verhalten zu überwinden.

Einführung

Wie selbstschädigende Verhaltensweisen bekämpft werden können

Nach zwei zermürbenden Jahren an der medizinischen Fakultät war ich 1972 nahe daran, mein Studium abzubrechen. Das Pauken des Lehrstoffs empfand ich als Qual, und ich konnte mich – weil mir nichts zusagte – für kein Spezialgebiet entscheiden. Was mir Freude machte, war der Kontakt mit den Patienten; ich nahm Anteil an ihren Leiden und fand heraus, daß ich die Begabung besaß, sie zu beruhigen und ihnen einen Teil ihrer Ängste zu nehmen. Doch in einer Zeit der hochtechnisierten Medizin stand das Gespräch mit den Patienten und das Eingehen auf ihre Sorgen nicht hoch im Kurs und wurde als schlichtes Händchenhalten abgetan. Denn Ärzte hätten harte, heroische Arbeit im Kampf gegen den Tod zu verrichten. Dieses Dilemma beschäftigte mich so, daß ich an chronischen Magenproblemen litt.

Mein Mentor, der Dekan unserer Fakultät, ermöglichte mir die Teilnahme an einem Programm der Menninger Foundation for Psychiatric Education and Research in Topeka, Kansas. Ich betrachtete es als Chance, in einem weniger leistungsorientierten Umfeld herauszufinden, wie es mit mir weitergehen sollte. Meine Erwartungen wurden bei weitem übertroffen. Nachdem ich mehrere Wochen Patienten der psychiatrischen Abteilungen angehört und zu ihnen gesprochen hatte, kam mir der Gedanke, mich auf Psychiatrie zu spezialisieren; diese Arbeit fiel mir leicht. Doch gerade aus

diesem Grund sperrte sich etwas in mir. Meiner Meinung nach mußte Arbeit anstrengend sein und durfte keinen Spaß machen. Müheloser Arbeit fehlte die Berechtigung.
Ich erzählte all dies meinem Mentor, worauf dieser mir den schlichten Rat gab: Werde Psychiater.
»Aber das wäre doch der einfache Weg«, protestierte ich. Seine Antwort hat mein Leben verändert: »Manchmal ist der einfache Weg der richtige Weg.«
Nicht nur meine Berufswahl wurde auf diese Weise beeinflußt, sondern auch die Art, wie ich diesen dann ausübte. Mir wurde bewußt, welche Macht ein selbstschädigendes Verhalten haben kann, Ich war nahe daran gewesen, mich durch zwei Verhaltensweisen, denen ich später ein Kapitel in diesem Buch widmen sollte, selbst zu schädigen: zu schnell aufzugeben und sich einzureden, daß nur der schwierige Weg der richtige Weg sei. Ein einfühlsamer Mensch öffnete mir die Augen. Seine weisen Worte haben mein damaliges Handeln bestimmt und leiteten mich auch weiterhin, wann immer sich Schwierigkeiten auftaten. »Manchmal ist der einfache Weg der richtige Weg« – ein solch bemerkenswerter Satz ist ein Beispiel für das, was ich eine hilfreiche Erkenntnis nenne: ein Satz, der nicht nur Erleuchtung verschafft, sondern auch zu konstruktivem Handeln anregt.
Inzwischen arbeite ich über zwanzig Jahre als Psychiater. Ich habe herauszufinden versucht, durch welches Verhalten meine Patienten sich selbst schädigen, und ich habe mich bemüht, ihnen durch mein Einfühlungsvermögen in ihre Situation und durch das Vermitteln hilfreicher Einsichten bei der Bekämpfung dieser Verhaltensweisen zu helfen. Dieses Buch wurde geschrieben, um Lesern wie Ihnen dasselbe zu ermöglichen, das heißt Verhaltensmuster, die schädlich für Sie sind, zu ändern und dadurch die Lebensfreude zu steigern.

Die Auswirkungen von selbstschädigendem Verhalten

Ich habe die Erfahrung gemacht, daß selbstschädigendes Verhalten der Hauptgrund ist, warum Menschen psychotherapeutische Hilfe suchen. Nichts ist ärgerlicher, als feststellen zu müssen, daß wir uns selbst um die Liebe, Anerkennung und Freude bringen, die wir uns im Leben wünschen. Schuld daran ist ein Verhalten, das sich gegen uns selbst richtet. Es sabotiert unsere ureigensten Interessen, widersetzt sich unseren innigsten Wünschen und schafft mehr Probleme, als daß es welche löst. Deshalb möchten Sie, wenn Sie sich dabei ertappen, vor Verzweiflung herausschreien: »Warum nur habe ich mich wieder so verhalten! Ich hätte es doch besser wissen müssen! Ich stehe mir selbst im Weg!«
Wie häufig haben Sie schon so zu sich gesprochen? Wahrscheinlich lautet Ihre Antwort: »Zu oft!« Wie viele Male haben Sie genau erkannt, daß Sie sich selbst geschadet haben, und sich daraufhin geschworen, es nie wieder zu tun? Zu oft? Beruhigen Sie sich, denn dies ist ein Problem, das Sie mit vielen anderen teilen. Zu meinen Patienten zählen Menschen, die Mühe hatten, ihren Lebensunterhalt zu bestreiten, sowie mächtige Industriebosse, die sich alles leisten konnten, junge und gesunde Menschen sowie Kranke, die dem Tod nahe standen, unauffällige und berühmte Menschen, ehrliche Bürger und abgebrühte Gauner. Alle ärgerten sich über ihr selbstschädigendes Verhalten und wußten nicht, wie sie es unterbinden konnten – oder wenn es ihnen gelang, fielen sie rasch wieder in ihr altes selbstschädigendes Verhalten zurück. Manchmal schätzten Menschen, die nach außen hin Selbstsicherheit ausstrahlten, sich selbst so gering ein, daß sie glaubten, Liebe und Respekt nicht zu verdienen.
Einer meiner Patienten war ein weltberühmter Jazzmusiker.

In seinen letzten Monaten, als ein unheilbares Krebsleiden ihn langsam dem Tod immer näher brachte, litt er unter großen seelischen Qualen. Einige der in diesem Buch beschriebenen Verhaltensmuster verhinderten es, daß er sich an seinem Erfolg – er war einer der renommiertesten Instrumentalisten seiner Zeit – erfreuen konnte und, am Ende seines Lebens, Liebe empfangen und Frieden finden durfte. Weil er an seinem Groll festhielt, brachte er sich um die Liebe seines Sohnes; weil er wartete, bis es zu spät war, konnte er vor seinem Tod keinen Frieden mit dem Sohn schließen; weil er andere beneidete – in seinem Fall klassisch ausgebildete Musiker -, konnte er die ihm entgegengebrachte Wertschätzung nicht voll auskosten; weil er unrealistische Erwartungen hegte, bedauerte er die Tatsache, daß der Klang seines Instruments nur viermal in seinem Leben genau mit der Musik in seinem Kopf übereinstimmte (dabei erleben nur wenige von uns vier so perfekte Momente); und weil er sich nicht öffnen konnte, gelang es ihm nicht, sich von seinen tiefsten, bedrückendsten Gefühlen zu befreien. Meine letzten Worte an ihn lauteten: »Lassen Sie los, Sie haben es gut gemacht.« Er lächelte schwach, und seine Augen füllten sich mit Tränen. »Danke, Doktor«, sagte er. »Das habe ich gebraucht.« Ich weiß nicht, ob es ihm geholfen hat.

Ich habe dieses Buch geschrieben, um solche Tragödien zu vermeiden. Wenn Sie bereit sind, sich zu ändern, werden Sie erfahren, wie Sie sich neue Verhaltensweisen aneignen und diese beibehalten können. Wenn Sie die in den folgenden Kapiteln erteilten Ratschläge befolgen, werden Sie sich nicht mehr länger selbst im Weg stehen, sondern schwierige Situationen mit Würde, Weisheit, Mut und sogar Humor meistern.

Warum schädigen wir uns selbst?

Wenn wir aus den Lektionen, die das Leben uns beizubringen versucht, nichts lernen, verhalten wir uns selbstschädigend. Es siegt dann das impulsive über das überlegte Handeln, die unmittelbare Genugtuung über die dauerhafte Zufriedenheit, die momentane Erleichterung über die Problemlösung. Am Anfang eines selbstschädigenden Verhaltens steht immer das Bestreben, sich besser zu fühlen. Wenn wir uns einer Krise, einer Bedrohung oder einer potentiell unangenehmen Situation gegenübersehen, versuchen wir automatisch, uns zu schützen. Wir greifen nach etwas, was die Anspannung lindert oder uns Schmerzen erspart. Das Handeln scheint im Moment logisch und angebracht zu sein und mag auch eine kurzfristige Erleichterung bringen, doch am Ende wirkt es sich immer negativ auf uns aus. Wir werfen uns dann vor, dumm, töricht oder feige gehandelt zu haben, während uns in Wahrheit nur die Perspektive in einer bedrohlichen oder verwirrenden Situation abhanden gekommen ist.

Wie bei den meisten hartnäckigen Verhaltensmustern liegen auch die Wurzeln des selbstschädigenden Verhaltens gewöhnlich in der Kindheit. Erfahren Kinder bei seelischen Erschütterungen liebevollen Beistand und eine geduldige Führung, entwickeln sie im allgemeinen gesunde Verarbeitungsmechanismen. Als Erwachsene sind sie dann meist flexibel, selbstsicher und einfallsreich. Etwaige schädigende Verhaltensweisen fallen bei ihnen nicht sehr ins Gewicht und sind leicht zu überwinden. Ungeliebte Kinder hingegen, die mißbraucht oder vernachlässigt werden, fühlen sich ungeschützt und allein gelassen. Und Kinder, denen zwar Liebe und Aufmerksamkeit geschenkt wird, die aber keine ausreichende Führung genießen, bekommen mit der Zeit oft das

Gefühl, unzulänglich und unfähig zu sein, und haben dadurch Schwierigkeiten, mit Mißgeschicken fertig zu werden. In beiden Fällen greifen diese Kinder nach allem, was ihnen ihre unerträglichen Gefühle erträglich macht. Je verängstigter und einsamer oder unzulänglicher und unfähiger sie sich fühlen, desto hartnäckiger klammern sie sich an Gedanken und Verhaltensweisen, die ihnen Erleichterung bringen. Wenn sie keine wirksameren Verarbeitungsmechanismen entwickeln, verfestigen sich diejenigen, die scheinbar Erleichterung bringen, in selbstschädigende Verhaltensweisen.

Natürlich gibt es auch einige Glückliche, die aufgrund einer angeborenen Charakterstärke oder einer Intervention anderer Erwachsener trotz des Mangels an elterlicher Liebe und Führung angemessene Verhaltensmechanismen entwickeln. Doch in der Regel zeigen diese Kinder am Ende ein hartnäckiges selbstschädigendes Verhalten. Menschen, die als Kinder mißbraucht wurden, neigen dazu, in Wut auszubrechen und »um sich zu schlagen«. Menschen, die als Kinder vernachlässigt wurden, tendieren dazu, sich minderwertig zu fühlen und sich von der Welt zurückzuziehen. Menschen, die als Kinder nicht geführt wurden, haben oft wenig Selbstvertrauen. Und immer kommt es dabei zu verschiedenen Formen selbstschädigenden Verhaltens.

Wie soll dieses Buch benutzt werden?

All die schönen Gefühle dieser Welt sind weniger wert als eine einfache einzelne Tat.

James Russell Lowell

Jedes der vierzig kurzen Kapitel dieses Buches befaßt sich mit einer häufig anzutreffenden selbstschädigenden Verhaltensweise. Beim Lesen des Inhaltsverzeichnisses werden Sie sicherlich entdeckt haben, inwiefern Sie sich selbst schaden. Manches wird für Sie von größerem Belang sein als anderes; dennoch schlage ich vor, das Buch von vorne bis hinten durchzulesen und dann zu den Kapiteln zurückzugehen, die speziell auf Sie zutreffen. Studieren Sie diese aufmerksam, und befolgen Sie die gegebenen Ratschläge.

Im Anschluß daran empfehle ich, das Buch als Nachschlagewerk in Reichweite aufzubewahren. Dafür gibt es zwei gute Gründe: 1. Wenn neue Situationen aufkommen, könnten Sie, wie die meisten Menschen, neue Wege finden, sich selbst zu schaden. Einige Kapitel werden dann auf einmal eine neue Bedeutung erlangen. 2. Sie brauchen vielleicht von Zeit zu Zeit einen Auffrischungskurs; selbstschädigendes Verhalten hat die Eigenschaft, lange nachdem Sie glaubten, es abgelegt zu haben, plötzlich wiederaufzutauchen. Positive Verhaltensänderungen bedürfen eines ständigen Einübens, bis sie zur zweiten Natur geworden sind.

Jedes selbstschädigende Verhalten hat seine eigenen Charakteristika und muß auf eine besondere Art angegangen werden. Gleichwohl gibt es mehrere gemeinsame Merkmale, weshalb gewisse Gegenmaßnahmen in jedem Fall wirksam sind. Wann immer Sie sich in einer Situation befinden, die bisher bei Ihnen einen selbstschädigenden Impuls ausgelöst hat, befolgen Sie folgende Schritte zusätzlich zu den Ratschlägen in den einzelnen Kapiteln:

Die Fünf-Schritte-Pause

Selbstschädigendes Verhalten ergibt sich gewöhnlich aus automatischen Reaktionen. Wir agieren, ohne an langfristige Folgen und ohne an vernünftige Alternativen zu denken. Die Fünf-Schritte-Pause hat zum Ziel, dies durch ein zunehmendes Sichbewußtwerden zu verhindern. Ihr Geist soll sozusagen eine Warteschleife drehen, damit Sie überlegt statt reflexartig handeln und bewußt das angemessenste Verhalten wählen können.

Schritt 1: Nehmen Sie körperliche Reaktionen bewußter wahr. Impulse beginnen als körperliche Sinneswahrnehmung. Beobachten Sie, was Sie fühlen und wo Sie etwas fühlen. In Ihrem Magen? Ihrem Kopf? Ihrem Nacken? Ihrer Brust?

Schritt 2: Nehmen Sie emotionale Reaktionen bewußter wahr. Versuchen Sie die körperliche Wahrnehmung mit einem Gefühl in Verbindung zu bringen. Warum fühlen Sie sich angespannt? Warum sind Sie verärgert? Vor was haben Sie Angst?

Schritt 3: Nehmen Sie Impulse bewußter wahr. Drängen Sie die Gefühle, die Sie soeben bemerkt haben, in Aktion zu treten? Zu welchen Handlungen nötigen sie Sie?

Schritt 4: Führen Sie sich die Konsequenzen bewußter vor Augen. Fragen Sie sich, was sich aus Ihrer Handlungsweise kurzfristig und langfristig ergeben wird. Es dürfte abschreckend wirken, sich der unerwünschten Konsequenzen Ihres Tuns klarzuwerden.

Schritt 5: Nehmen Sie Problemlösungen bewußter wahr.

Fragen Sie sich, welche Alternativen Sie haben. Welche würde das beste Ergebnis bringen? Halten Sie sich die positiven Dinge vor Augen, die sich aus einer konstruktiveren Handlungsweise ergeben. Dies erhöht den Anreiz für eine Veränderung.

Konzentrieren Sie sich auf das, was Sie gewinnen, und nicht auf das, was Sie verlieren

Wie verheerend seine Wirkung auch sein mag, ein selbstschädigendes Verhalten dient einem bestimmten Zweck. Auch wenn Sie es gerne ablegen möchten, haben Sie doch irgendwie Angst, es im Austausch für etwas Neues und Ungewisses aufzugeben. Sie überlegen sich, was sein wird, wenn das neue Verhalten nicht den gewünschten Erfolg bringt und die Dinge sich verschlechtern. Um diesem Gedanken entgegenzuwirken, sollten Sie die Perspektive nicht auf das richten, was Sie verlieren, sondern auf das, was Sie gewinnen. Andernfalls kann es leicht passieren, daß Sie beim Anblick eines Hindernisses in Ihr altes selbstschädigendes Verhalten zurückfallen, obwohl Sie sich vorgenommen haben, sich zu ändern.

Sehen Sie sich nach Hilfe um

Da selbstschädigendes Verhalten auf Kindheitserfahrungen des Alleingelassenseins und der Wehrlosigkeit zurückgeht, ist es im Erwachsenenalter leichter zu überwinden, wenn Sie Hilfe von anderen Menschen erhalten.
Es ist unwichtig, welche Rolle Ihre Helfer einnehmen. Sie können Ihnen praktische oder moralische Hilfe leisten oder

mit Ihrem Einverständnis darüber wachen, ob Sie die versprochenen Veränderungen auch einhalten. Wichtig ist, daß Sie das Gefühl haben, nicht allein zu sein. Dies stärkt Ihr Selbstvertrauen und Ihre Entschlossenheit.

Lassen Sie sich von Rückschlägen nicht entmutigen

Selbstschädigendes Verhalten wiederholt sich gewöhnlich. Taucht die gleiche oder eine ähnliche Situation erneut auf, kann es sein, daß Sie – trotz bester Absichten – reflexartig handeln und das tun, was Sie bisher getan haben. Sind Sie in Ihr altes Verhalten zurückgefallen, sollten Sie sich nicht mit Vorwürfen überschütten, sondern mutig einen neuen Versuch starten. Fragen Sie sich, wie Sie sich verhalten würden, wenn Sie von vorne beginnen könnten. Entwickeln Sie einen Plan für den Fall, daß Sie die Situation noch einmal erleben.

Belohnen Sie sich selbst

Jedesmal, wenn Sie in eine selbstschädigende Verhaltensweise zurückfallen, leidet Ihre Selbstachtung. Sie haben das Gefühl, zu schwach und undiszipliniert zu sein, um Ihre guten Vorsätze zu verwirklichen. Auf der anderen Seite gewinnen Sie jedesmal an Selbstachtung, wenn es Ihnen gelingt, einem selbstschädigenden Impuls nicht nachzugeben. Ziehen Sie Nutzen aus diesem Gefühl des Stolzes. Wenn Sie sich für ein gutes Verhalten belohnen, wird Sie dies in Ihrem Tun bestärken und Ihnen helfen, sich für immer zu verändern.

Bedienen Sie sich hilfreicher Einsichten

> Das ist lernen: Du verstehst plötzlich etwas auf ganz neue Weise, etwas, was du dein ganzes Leben lang begriffen zu haben glaubtest.
> *Doris Lessing*

Einsichten schaffen gewöhnlich Erleichterung und ein besseres Verständnis, aber sie verleiten uns nicht unbedingt zum Handeln. »Hilfreiche« Einsichten haben eine praktischere und länger währende Auswirkung. Meine Patienten stellten fest, daß die in diesem Buch aufgeführten Einsichten sie zu einer konstruktiven Veränderung ihres Verhaltens inspiriert haben und ihnen noch lange im Gedächtnis haftengeblieben sind. Ein Patient nannte sie »meine Wegweiser«. Ich schlage vor, die Einsichten, an denen Sie arbeiten, aufzuschreiben und an Ihrem Badezimmerspiegel oder Ihrem Kühlschrank zu befestigen. Diese Gedächtnisstützen werden Ihre neuen Handlungsweisen verfestigen.

> Aus einer Errungenschaft wird eine Gewohnheit, aus einer Gewohnheit entwickelt sich ein Charakter, aus einem Charakter wird ein Schicksal.
> *André Maurois*

Der feste Wille zur Veränderung

Sie wollen sich nicht länger selbst unterminieren – dieses Buch wird Ihnen die nötige Inspiration, das nötige Wissen und die nötigen Fertigkeiten vermitteln. All dies wird Sie jedoch nicht weiterbringen, wenn Sie nicht den festen Willen haben, sich zu verändern. Doch allein die Tatsache, daß Sie bis hierher gelesen haben, läßt darauf schließen, daß Sie den Mut besitzen, den es dazu braucht. Es ist nicht leicht zuzugeben, sich selbst im Weg zu stehen, und noch schwerer ist es, dieses Verhalten aufzugeben. Sie haben erkannt, daß es nicht weiterhilft, anderen Menschen oder Umständen, auf die Sie keinen Einfluß haben, die Schuld an Ihren Problemen zu geben. Sie haben eingesehen, daß nur Sie Ihr Leben verändern können. Ein solches Verantwortungsbewußtsein ist unumgänglich, wenn Sie Ihr selbstschädigendes Verhalten besiegen wollen.

Ich bitte Sie inständig, in Ihrer Entschlossenheit, Ihr Leben zu verbessern, nicht wankelmütig zu werden. Betrachten Sie sich selbst ganz ehrlich. Oder wie man in den »Zwölf-Schritte-Programmen« zu sagen pflegt: »Machen Sie eine gründliche und mutige innere Bestandsaufnahme.« Ihre Ehrlichkeit, gepaart mit den Informationen und Ratschlägen in jedem Kapitel, wird Ihnen das Vertrauen und die Weisheit geben, selbstschädigende Verhaltensweisen abzulegen, um einer befriedigenderen Zukunft entgegenzugehen. Statt Ihr ärgster Feind zu sein, werden Sie zu Ihrem besten Freund.

1 Auf der Jagd nach Liebe und Anerkennung von Vater und Mutter

> Erst lieben die Kinder ihre Eltern,
> dann verurteilen sie sie,
> und manchmal verzeihen sie ihnen.
> *Oscar Wilde*

Eine meiner Patientinnen erzählte ihrer Mutter, daß sie bei einem Therapeuten in Behandlung sei. »Na prima«, meinte die Mutter naserümpfend, »er wird dich zu überzeugen versuchen, daß du mich haßt.«

»Nein, Mutter«, antwortete meine Patientin. »Davon war ich überzeugt, als ich zu ihm ging. Er versucht mir nun klarzumachen, daß ich dich liebe.«

Diese Geschichte spiegelt sehr genau die komplexen Gefühle zwischen erwachsenen Kindern und ihren Eltern wider. Fast alle meine Patienten haben Probleme mit ihrer Mutter oder ihrem Vater, und dies wirkt sich unweigerlich auf ihr Verhältnis zu Ehepartnern, Kindern, Kollegen und Freunden aus. Manche sind verärgert, weil sie das Gefühl haben, von den Eltern nicht geliebt und anerkannt zu werden. Andere sind frustriert, weil die Eltern sie nicht verstehen und sich auch gar nicht bemühen, sie zu verstehen. Einige verübeln den Eltern ihre Versuche der Bevormundung, während andere ihre Gleichgültigkeit beklagen. Und fast alle fühlen sich schuldig, weil sie die Menschen, die so viele Opfer für sie gebracht haben, nicht genügend zu schätzen wissen. Mit zunehmendem Alter belastet sie dies immer mehr. Kein Wunder, daß so viele Versuche, von den Eltern das zu bekommen, was man braucht, zu selbstschädigendem Verhalten führen. Aufgrund der eigenen Erziehung sind Ihre Eltern oft unfähig, Ihnen das zu geben, was Sie emotional nötig haben. Laufen Sie also weiterhin dem hinterher, was Ihre Eltern Ihnen nicht geben können, und machen Sie Ihr Selbstwertgefühl davon abhängig, werden Sie nie mit sich zufrieden sein. Ihre vergeblichen Bemühungen werden bei Ihnen Feindseligkeit und Groll und bei Ihren Eltern Enttäuschung hervorrufen. Wenn Sie zu den vielen Söhnen und Töchtern gehören, die ihre Bedürfnisse nicht klar artikulieren können, haben Ihre Eltern wahrscheinlich keine Ahnung, was Sie von ihnen erwarten. Sie wissen nur, daß Sie unzufrieden sind, und das verwirrt und bedrückt sie.

In vielen Fällen haben Eltern das, was Sie sich von ihnen wünschen, von ihren Eltern nie erhalten. Weil es ihnen schwerfällt, etwas zu geben, was sie nie erhalten haben, erziehen sie schließlich ihre Kinder nach dem gleichen Muster oder geben die erfahrene Deprivation auf eine andere Art und Weise weiter. Um diesen Teufelskreis zu durchbrechen, sollten Sie in die Rolle eines Elternteils Ihrer Eltern schlüpfen, also sozusagen zu Ihrem eigenen Großvater oder Ihrer eigenen Großmutter werden. Geben Sie Ihren Eltern das, was sie nie erhalten haben, denn wenn sie bekommen, nach was sie sich heimlich sehnen, sind sie vielleicht imstande, Ihnen das zu geben, was Sie brauchen.

> Eltern zeigen ihre Freude nicht,
> genausowenig wie ihre Sorgen und
> Ängste.
>
> *Francis Bacon*

Carolyn, eine fünfzigjährige Patientin, hatte eine Mutter, die sich ständig in ihre Angelegenheiten einmischte und die

Entscheidungen ihrer Tochter stets mißbilligte. »Sie behandelt mich immer noch wie ein Kind«, klagte Carolyn, »ich möchte mich von ihr lösen, aber ich schaffe es einfach nicht.« Carolyn wünschte sich das, was wir uns alle von unseren Eltern wünschen – bedingungslose Liebe und Anerkennung. Doch ihre verzweifelten Versuche, dies zu erhalten, distanzierten sie von ihrer Mutter. Ich erinnerte Carolyn daran, daß ihre Mutter während der Depression aufgewachsen war, einer Zeit, in der sich ihre Eltern gezwungen sahen, viele Stunden täglich zu arbeiten. Wie andere vernachlässigte Kinder hatte Carolyns Mutter das Gefühl, nicht beachtet zu werden. Als sie dann selbst Mutter wurde, drehte sie den Spieß um, indem sie sich zu sehr in das Leben ihrer Tochter einmischte und es zu beherrschen suchte. Ich sagte Carolyn: »Das Traurige bei euch beiden ist, daß keine wirklich eine Mutter hatte.«

Als ihr bewußt wurde, daß sie und ihre Mutter in der Kindheit gelitten hatten – ihre Mutter unter Vernachlässigung und sie unter einer übertriebenen Beaufsichtigung –, gelang es Carolyn, einige ihrer bitteren Gefühle loszuwerden. Seit sie erkannt hatte, daß die Herrschsucht ihrer Mutter der Versuch war, die Tochter enger an sich zu binden, konnte Carolyn ihr entgegenkommender begegnen. Und je weniger sie von ihrer Mutter wegstrebte, desto zurückhaltender wurde diese. Irgendwann hörten die kritischen Bemerkungen der Mutter ganz auf. Statt sich anzuschreien, begannen die zwei Frauen miteinander zu reden. Die drei ihnen verbleibenden Jahre waren schöner als die fünfzig davor.

Diese Einsicht funktioniert besonders gut bei Männern, die sich danach sehnen, von ihren Vätern die magischen Worte »Ich bin stolz auf dich« zu hören. Männer, die als Kinder nicht die Bewunderung ihrer Väter erhielten, empfinden dies als schwerwiegende Deprivation, und jene, denen sie zuteil wurde, sehnen sich nach den schönen Momenten ihrer Kindheit, die nie mehr wiederkommen werden. Das ist der Grund, warum erwachsenen Männern gerne die Tränen kommen, wenn man mit ihnen über ihre Väter spricht.

Ich erinnere mich noch gut an einen Patienten, einen Rockstar, den ich John nennen will. Sein Antrieb, erfolgreich zu sein, war größtenteils darauf zurückzuführen, daß er die Anerkennung seines Vaters suchte. Doch weder seine goldenen Schallplatten noch sein Geld noch sein Ruhm veranlaßten den Vater, seinen Stolz auf den Sohn direkt zum Ausdruck zu bringen. Ich riet John, in die Großelternrolle zu schlüpfen, doch er war zu stolz, dieser Einsicht gemäß zu handeln. Als der Vater dann einen Schlaganfall erlitt, bat man John, sich um ihn zu kümmern. Nachdem er diesen einst so starken Mann einige Tage gepflegt hatte, wurde das Herz des Sohnes weicher. Als er dem Vater half, sich für seinen 76. Geburtstag anzukleiden, sagte er zu ihm: »Also wieder ein Jahr älter und ein Jahr weiser.«

»Nur ein Jahr älter«, seufzte der Vater.

John war verblüfft. Sein Vater hatte noch nie in seinem Leben ein selbstkritisches Wort von sich gegeben. Als er ihn beobachtete, wie er sich abmühte, seine Schuhe zu binden, erinnerte sich John, daß der alte Mann von seinen Geschwistern großgezogen wurde und noch weniger väterliche Liebe empfangen hatte als John. Als der Vater die Schuhe gebunden hatte, meinte John: »Ich freue mich auf die Feier, und ich bin stolz auf dich.«

Die Augen des Vaters füllten sich mit Tränen. Er flüsterte Worte, die für John wertvoller waren als ein Zimmer voller Auszeichnungen: »Ich bin auch stolz auf dich. Du bist ein guter Sohn.«

Zuerst sind wir die Kinder unserer Eltern,
dann die Eltern unserer Kinder,
dann die Eltern unserer Eltern,
dann die Kinder unserer Kinder.

Milton Greenblatt

In die Rolle der Großeltern zu schlüpfen erfordert Mut. Sie müssen bereit sein, etwas zu geben, was Sie liebend gerne selbst hätten, ohne die Garantie, es auch zurückzubekommen. Doch es kann Sie am ehesten hoffen lassen, die Liebe und die Anerkennung zu bekommen, die Sie sich selbst stets gewünscht haben. Zumindest kann es das Leid mindern, das eine meiner Patientinnen so treffend ausgedrückt hat: »Was mich am meisten quält, ist nicht die Liebe, die mir meine Mutter vorenthalten hat, sondern die Liebe, die ich nie geben konnte, weil ich so verärgert war.«

Hilfreiche Einsicht

Wenn Sie von einem Elternteil etwas möchten, was Sie nie von ihm bekommen haben, schlüpfen Sie in die Rolle eines Großelternteils.

In Aktion treten

Denken Sie an etwas, was Sie nie von Ihrer Mutter oder Ihrem Vater erhalten haben und was Sie immer noch zu benötigen glauben. (Am häufigsten werden genannt: Liebe, Trost und Anerkennung.)
Überlegen Sie, ob Ihrer Meinung nach Ihre Mutter oder Ihr Vater es von ihren bzw. seinen Eltern bekommen hat.

Stellen Sie sich eine bestimmte Situation vor, in der Sie das von Ihnen Gewünschte Ihrer Mutter oder Ihrem Vater ehrlich zukommen lassen können, und malen Sie sich aus, es zu tun.
Suchen Sie Gelegenheiten, das von Ihnen Gewünschte Ihrer Mutter oder Ihrem Vater anzubieten. Seien Sie nicht überrascht, wenn es Sie beide zu Tränen rührt. Die Tränen bedeuten nicht, daß etwas schiefgelaufen ist, sondern daß das, was bislang nicht stimmte, endlich korrigiert wurde.

2 Mit den falschen Menschen Beziehungen aufnehmen

> Sei höflich zu allen, aber nur mit wenigen vertraut, und überprüfe diese wenigen, bevor du ihnen dein Vertrauen schenkst.
>
> *George Washington*

»Vielleicht sollte ich Nonne werden!« seufzte Judy, als sie sich in den Stuhl fallen ließ. »Ich habe gerade wieder mit einem Mann Schluß gemacht. Anfangs lief alles bestens, aber dann entpuppte er sich als herrschsüchtiges Ekel. Das genaue Gegenteil zu dem Waschlappen, mit dem ich vorher ging, der nicht fähig war, selbst ein Restaurant auszuwählen. Warum falle ich immer auf Männer herein, die mir irgendwann angst machen oder leid tun? Gibt es keine Möglichkeit, so etwas gleich am Anfang zu erkennen?«

Judy ist nicht die einzige, die gerne eine Art von Detektor besäße, der die Ungeeigneten kennzeichnet. Und es sind nicht nur Frauen, die sich dies wünschen. Auch Männer klagen, daß die Frauen, von denen sie sich angezogen fühlen, entweder zickig und dominierend oder hilflos und unselbständig sind. Und beide Geschlechter beklagen sich über Freunde, Familienmitglieder und Kollegen, die sie entweder ständig angreifen oder sich bei der geringsten Kritik beleidigt zurückziehen.

Wenn Sie ständig an die falschen Menschen geraten, lassen sich diese wahrscheinlich in zwei Arten einteilen. Erstere imponieren Ihnen mit ihrer Entschlossenheit, ihrem Charis-

ma und ihrer Stärke. Fühlen Sie sich schwach, so kann es sein, daß dieser Menschentyp Sie anzieht, weil Sie hoffen, durch ihn an Stärke zu gewinnen. Es ist jedoch leider so, daß sich diese Menschen ihre Stärke erhalten, indem sie sie, wie Vampire, aus den anderen heraussaugen. Sie sind Nehmende. Vielleicht sind Sie sich dessen anfänglich nicht bewußt, weil diese Menschen wissen, wie sie Ihnen das Gefühl geben können, etwas Besonderes zu sein. Sie haben noch nicht begonnen, Ihnen weh zu tun. Doch bald wird es soweit sein.
Die zweite Art von Menschen zieht Sie an, weil Sie von ihnen gebraucht werden. Sie identifizieren sich mit ihnen und behandeln sie so, wie Sie behandelt sein möchten. Es ist eine ideale Gelegenheit, Gutes zu tun, sich wichtig zu fühlen oder gar heroisch zu sein. Diese Menschen scheinen keine Gefahr darzustellen und unfähig zu sein, Ihnen weh zu tun. Aber sie sind auch unfähig, Ihnen viel zu geben. Sie glauben, daß Sie, wenn Sie sie genügend gestützt haben, am Ende von ihnen etwas zurückbekommen. Doch meistens laugen sie Sie einfach nur aus. Auf die Dauer fühlen Sie sich benutzt und erschöpft, und Sie werden genau das, was Sie nie sein wollten: kalt, unnahbar und vielleicht sogar tyrannisch.
Bei beiden Menschentypen richten sich Ihre besten Absichten am Ende gegen Sie selbst. Um dies zu vermeiden, sollten Sie den Kern der Persönlichkeit des anderen zu erkennen lernen. Dadurch können Sie bessere Beziehungen eingehen und geraten nicht in die Lage, sich zu wünschen, die betreffende Person am besten nie getroffen zu haben.
Argwöhnisch sollte man bei all denjenigen sein, die in ihrem Inneren verbittert oder gekränkt sind. Diese Menschen stehen mit der Welt auf Kriegsfuß. Oft liebenswürdig am Anfang, stellen sie sich als ehrgeizig, mißgünstig und meist auch streitsüchtig heraus. Sie verwandeln jede Meinungsverschiedenheit in einen Streit und versuchen schnell die

Oberhand zu gewinnen. In ihrer Gesellschaft fühlen Sie sich am Ende im Unrecht oder minderwertig.

> Ein wirklicher Freund ist offen,
> rät ehrlich, hilft gerne, wagt mutig,
> ist geduldig, verteidigt beherzt
> und läßt sich in seiner Freundschaft
> nicht beirren.
>
> *William Penn*

Menschen, die in ihrem Inneren verbittert sind, haben oft eine unerfreuliche Kindheit durchlaufen. Sie ertragen es nicht, zu verlieren. Es ist, als ob sie in ihrer Kindheit so verletzt wurden, daß sie sich geschworen haben, als Erwachsene nie mehr den kürzeren zu ziehen. Bei Ihrem Rechtsanwalt mag Ihnen eine solche Aggressivität willkommen sein, aber nicht bei Freunden, Liebespartnern oder Kollegen. Sie können eine solche Angst entwickeln, von dem anderen gekränkt zu werden, daß Sie, um ihn zufriedenzustellen, Ihre eigenen Bedürfnisse hintanstellen.

Erzählen Sie einem Menschen, der in seinem Inneren verbittert ist, von Ihren Wünschen und Ambitionen, wird er versuchen, Ihren Enthusiasmus zu bremsen und vielleicht sogar gegen Sie zu arbeiten. Sie können beobachten, daß er in der Gesellschaft Schwächerer unaufmerksam, vielleicht sogar verächtlich oder herablassend ist.

Menschen, die in ihrem Inneren gekränkt sind, erscheinen eher frustrierend als verletzend. Sie müssen sie wie ein rohes Ei behandeln. Wenn Sie nicht ständig darauf achten, ihre Gefühle nicht zu verletzen, fühlen Sie sich am Ende als der Schuldige. Sie nehmen alles persönlich, doch statt zurückzuschlagen, sind sie gekränkt und ziehen sich zurück, und Sie empfinden Mitleid mit ihnen.

Gewöhnlich sind diese Menschen Produkte emotionaler Vernachlässigung; sie hatten in ihrer Kindheit das Gefühl, ungeliebt, unwichtig, schutz- und wertlos zu sein. Sie richten sich nicht gegen Sie, aber sie unterstützen Sie auch nicht. Weil sie sich so benachteiligt fühlen, beziehen sie überhaupt keine Position. Hilfsbedürftigen gegenüber fühlen sie sich zu matt und überfordert, um Beistand zu leisten; anschließend fühlen sie sich jedoch unzulänglich, weil sie nicht helfen konnten.

> Ein edler Mensch zieht edle Menschen an und weiß sie festzuhalten.
>
> *Goethe*

Zum Glück gibt es noch eine dritte Art von Menschen – diejenigen, die innerlich gesund und stark sind. Vorurteilslos, selbstsicher, mit festen Grundsätzen und Sinn für Humor – das sind die Menschen, die wir im Leben brauchen. Als Kinder haben sie sich geliebt und behütet gefühlt, und im Erwachsenenalter sind sie meist loyal, ehrlich und aufrichtig. Nach einer Kränkung oder Verstimmung fangen sie sich rasch wieder, ohne weiterhin einen Groll zu hegen oder das Gefühl zu haben, Gleiches mit Gleichem vergelten zu müssen. Weil sie sich vom Erfolg anderer nicht bedroht fühlen, helfen sie aus vollem Herzen. Mit den weniger Privilegierten zeigen sie Mitgefühl und versuchen üblicherweise, diese zu unterstützen. Das sind die Menschen, an die Sie sich wenden sollten, wenn Sie Hilfe brauchen.
Unglücklicherweise sind die meisten Menschen, die Sie treffen, in ihrem Inneren verbittert oder gekränkt. Es ist nicht unbedingt selbstschädigend, mit ihnen eine Verbindung einzugehen, es sei denn, Sie lassen sich von ihnen verschlingen

wie ein Lichtschein von einem schwarzen Loch. Wenn Sie richtig mit ihnen umgehen, kann es Ihnen gelingen, eine befriedigende Beziehung aufzubauen. Doch denken Sie daran: Es liegt am anderen, sich zu verändern, nicht an Ihnen.

Hilfreiche Einsicht

Vermeiden Sie Menschen, die in ihrem Inneren verbittert sind, durchschauen Sie Menschen, die in ihrem Inneren gekränkt sind, und suchen Sie Menschen, die in ihrem Inneren gesund und stark sind.

In Aktion treten

Wie geht man mit Menschen um, die in ihrem Inneren verbittert sind?

- Wenn Sie nicht imstande sind, ihnen aus dem Weg zu gehen, sollten Sie akzeptieren, daß Sie sie nicht verändern können.
- Werden Sie nicht zu vertraut mit ihnen, und vertrauen Sie ihnen nicht zu sehr.
- Lassen Sie sich nicht darauf ein, mit ihnen zu konkurrieren. Gegen Menschen, die nicht verlieren können, kann man nicht gewinnen. Und wenn Sie einen Sieg erringen, werden sie es nicht zulassen, daß Sie sich darüber freuen.
- Lassen Sie sich nicht einschüchtern, und lassen Sie sich nicht davon abhalten, in Ihrem eigenen Interesse zu handeln.
- Diskutieren oder streiten Sie nicht mit ihnen; verhalten Sie sich fair und vernünftig, und verfolgen Sie Ihren Weg.

Wie geht man mit Menschen um, die in ihrem Inneren gekränkt sind?

- Sagen Sie sich, daß es nicht zwangsläufig Ihre Schuld ist, wenn sie gekränkt sind.
- Lassen Sie sich nicht von ihren Launen anstecken, und fühlen Sie sich nicht verantwortlich, sie aufzuheitern.
- Denken Sie daran, daß es nicht in Ihrer Macht liegt, sie glücklich zu machen.
- Versuchen Sie mit ihnen gelassen und objektiv umzugehen.
- Machen Sie sich im voraus klar, welches Verhalten Sie von ihnen erwarten oder welches Verhalten sie realistischerweise von Ihnen erwarten können.

3 Die Dinge hinauszögern

Es ist besser, am Abend zu beginnen, als überhaupt nicht.
Englisches Sprichwort

Hinauszögern ist die Kunst, das Gestern aufrechtzuerhalten.
Donald Robert Perry Marquis

Einsamkeit ist und war immer die zentrale und unausweichliche Erfahrung jedes Menschen.
Thomas Wolfe

Als ich bei einem Seminar die Bitte äußerte, diejenigen unter den fünfhundert Zuhörern und Zuhörerinnen sollten die Hand heben, die Hinauszögern zu ihren drei wichtigsten selbstschädigenden Verhaltensweisen zählen, meldeten sich fast neunzig Prozent.

Fast jeder verschiebt auf morgen, was heute getan werden könnte, selbst Experten auf dem Gebiet des selbstschädigenden Verhaltens. Jahrelang sagte man mir, wann immer ich in den Medien zitiert wurde: »Sie sollten ein Buch schreiben.« Das schmeichelte mir, aber gleichzeitig fühlte ich mich schrecklich dabei. Ich wußte, daß ich ein Buch schreiben sollte; ich wollte es auch und hatte sogar damit begonnen. Aber immer fand ich einen Grund, meine Arbeit hinauszuzögern. Ich verspottete mich selbst: »Wie kannst du Menschen helfen, ihr Verhalten zu ändern, wenn du es selbst nicht schaffst, deine Faulheit zu besiegen?«

Dann wurde mir klar, warum ich die Sache vor mir herschob: Ich fürchtete die Einsamkeit. Die Aussicht auf lange Perioden des einsamen Arbeitens erschien mir unerträglich. Doch als ich das Problem erkannt hatte, wußte ich auch, wie Abhilfe zu schaffen war: Ich mußte einen Partner und Mitarbeiter finden, und von diesem Augenblick an machte das Buch Fortschritte.

Es gibt natürlich viele Gründe, warum Menschen Dinge hinauszögern: Selbstzweifel, Langeweile, Angst vor Mißerfolg, das Gefühl, noch nicht soweit zu sein, usw. Doch dies allein führt nicht unbedingt zum Hinauszögern. Was oft den Ausschlag gibt, ist die Angst, es allein schaffen zu müssen, ohne jemanden, der hilft, Mut zuspricht oder aufmuntert. Sie mögen sich selbst für Ihre Faulheit, Feigheit oder Mutlosigkeit beschimpfen, doch was Sie eigentlich blockiert, kann die Angst vor der Einsamkeit sein, besonders wenn Sie vorwiegend Aufgaben vor sich herschieben, die nur von Ihnen ausgeführt werden können.

Das Problem hat gewöhnlich seine Wurzeln in der Kindheit. So schwankt zum Beispiel ein Kind, das seine ersten vorsichtigen Schritte wagt, zwischen der Begeisterung über sein Können und der Angst vor dem Unbekannten. Wenn es begeistert ist, braucht es niemanden. Doch wenn es Angst bekommt, sucht sein Blick die Mutter oder den Vater, um seine Sicherheit und sein Selbstvertrauen wiederzuerlangen. Sagt man ihm: »Keine Angst, du kannst es!«, hilft ihm das beim Weitergehen. Doch wenn es umschaut und diese Unterstützung nicht findet, wird es umfallen und zum Krabbeln zurückkehren. Es will nicht mehr laufen, wenn es allein gelassen wird. Dieser Prozeß wiederholt sich, sobald das Kind vor einer schwierigen Aufgabe steht. Ist kein Erwachsener da, der Trost und Hilfe spendet, wird das Kind Herausforderungen mit dem Schmerz des Alleinseins in Verbindung bringen.

Ein Kind, das Ermutigung, Führung und Bestätigung erfahren hat, wird als Erwachsener in Zeiten der Verunsicherung auf sein Selbstvertrauen, seinen gesunden Menschenverstand und seine Stabilität zurückgreifen können. Weckt das einsame Verfolgen eines Ziels jedoch Erinnerungen an Ängste, wird man als Erwachsener zum Hinauszögern neigen.
Um ein Hinauszögern wegen des gefürchteten »Auf sich allein gestellt sein« zu überwinden, ist es ratsam, die Unterstützung anderer Menschen zu gewinnen.
In Gesellschaft anderer kann ein Zauderer zu einem Energiebündel werden. Deshalb haben Menschen Joggingpartner, Arbeitsgemeinschaften und Mitarbeiter. Deshalb verlassen sich erfolgreiche Selbsthilfegruppen wie die Anonymen Alkoholiker auf »Sponsoren«, die Mitgliedern durch schwierige Zeiten hindurchhelfen.
Wenn Sie keinen eigentlichen Partner haben, versuchen Sie jemanden zu finden, der Sie ermutigt. Ich habe diese Rolle zum Beispiel bei einer Frau übernommen, die ihre Doktorarbeit drei Jahre lang hinausgezögert hat. Jeden Morgen um neun Uhr rief ich sie an und stellte ihr Fragen wie: »Sitzt du an deinem Schreibtisch? Was machst du als nächstes? Was tust du, wenn du damit fertig bist?« Ich veranlaßte sie, mich jedesmal zu benachrichtigen, wenn sie eine Stunde gearbeitet hatte. Es mag seltsam erscheinen, einen selbständigen Erwachsenen auf eine solche Weise zu behandeln, aber es funktionierte. Wie die meisten von uns war sie bereit, sich einem gewissen Zwang unterzuordnen, solange sie damit nicht allein fertig werden mußte.
Wenn Sie keinen eigentlichen Partner und auch keinen »Mutmacher« finden, vergegenwärtigen Sie sich vor Ihrem inneren Auge das Bild Ihrer Mutter oder Ihres Vaters, Ihrer Großmutter oder Ihres Großvaters, eines Freundes oder einer Freundin, eines Lehrers oder einer Lehrerin – kurz

jemanden, den Sie nicht enttäuschen möchten und von dem Sie sich vorstellen können, daß er oder sie sagt: »Gute Arbeit, du machst das großartig!«, wenn Sie endlich das tun, was Sie stets vor sich hergeschoben haben. Auch wenn diese Person nur in Ihrer Einbildung existiert, kann sie Sie dazu bringen, das zu tun, was Sie andernfalls hinauszögern.

Hilfreiche Einsicht

Wir zögern nicht hinaus, weil wir faul sind, sondern weil wir uns allein gelassen fühlen.

In Aktion treten

- Verschwenden Sie keine Zeit mehr mit Selbstbeschuldigungen, weil Sie Dinge auf später verschieben.
- Hören Sie auf, sich selbst etwas vorzumachen, indem Sie sagen: »Das nächste Mal mache ich es anders.«
- Versuchen Sie mit einem Partner zu arbeiten.
- Oder versichern Sie sich der Hilfe eines Freundes oder einer Freundin, und nehmen Sie mit ihm oder ihr Kontakt auf, wenn Sie sich dazu durchringen, eine Aufgabe in Angriff zu nehmen.
- Bieten Sie Ihrerseits Hilfe an, wenn der Freund oder die Freundin versucht, eine Sache durchzuziehen.

4 Von anderen erwarten, daß sie unsere Gefühle verstehen

> Kein Mensch kann einen anderen wirklich verstehen, und keiner kann das Glück des anderen bewirken.
>
> *Graham Greene*

Die zweiundvierzigjährige Historikerin Janet Lake hatte sich von ihrer Universität für ein Jahr beurlauben lassen, um ein Lehrbuch zu schreiben. Als Ausgleich für die damit verbundene Isolation arrangierte sie häufig gesellige Zusammenkünfte und akzeptierte jede Einladung, die sie erhielt. Sie beklagte sich, daß sie ihren Ehemann Robert jedesmal bitten mußte, sich anzuschließen. Robert betrachtete ihr Drängen als einen Eingriff in seine Privatsphäre und spöttelte über Janets »übertriebenes Bedürfnis nach menschlicher Gesellschaft«. Janet ärgerte sich außerdem, daß ihr Mann, wenn er sich schon dazugesellte, unhöflich und unfreundlich war. Robert wiederum fand sie »überkritisch«.

Als die Lakes mich aufsuchten, drohte das Thema ihre siebenjährige Ehe zu zerstören. Natürlich fühlten sich beide im Recht und wollten verstanden werden. Aber keiner konnte den anderen verstehen. Die Kluft zwischen ihnen schien unüberbrückbar. Und was alles noch schlimmer machte, jeder war überzeugt, daß der andere ihn ganz einfach nicht verstehen wollte.

»Du verstehst mich nicht« ist einer der häufigsten Vorwürfe, den Menschen sich gegenseitig an den Kopf werfen. Es ist zum Verzweifeln, wenn der andere uns nicht versteht und wir unseren Standpunkt immer und immer wieder aufs neue erklären müssen. Unsere Frustration schlägt schließlich in Wut um, denn noch ärgerlicher, als nicht verstanden zu werden, ist das Gefühl, die andere Person will uns gar nicht verstehen. Weil für uns unsere Gefühle so offensichtlich sind, müssen sie es für den anderen auch sein. Dieser stellt sich nur stur. Es ist ihm egal! Deshalb zwingen wir ihn, uns zu verstehen, wodurch dieser sich wiederum in die Enge getrieben fühlt. Und nun haben wir es mit zwei verärgerten Menschen zu tun. Wenn der andere vorher nicht in der Stimmung war, Verständnis aufzubringen, jetzt ist er es ganz gewiß nicht mehr.

> Das menschliche Verständnis ist wie ein falscher Spiegel, der, weil er Lichtstrahlen unregelmäßig empfängt, die Natur der Dinge verzerrt und entstellt, indem er sie mit seiner eigenen Natur vermengt.
>
> *Francis Bacon*

Es ist wichtig zu erkennen, daß Mißverständnisse unumgänglich sind, weil wir die Realität durch eigene Werte und Wahrnehmungen filtern. Manchmal ist es unmöglich, die Gedanken oder Gefühle einer anderen Person zu verstehen. Es ist jedoch möglich, die Emotionen einer anderen Person zu fühlen.

Jeder von uns hat in seinem Inneren das gleiche tiefe Verlangen nach Liebe, Zärtlichkeit, Anerkennung, Sicherheit, Selbstverwirklichung und anderen fundamentalen Dingen. Werden uns diese Bedürfnisse verweigert, empfinden wir Wut, Angst, Traurigkeit, Schmerz und andere allgemeingültige Emotionen. Wenn Sie sich auf diese häufig anzutreffenden Gefühle konzentrieren, erreichen Sie etwas Tieferes und Wichtigeres als Verständnis: Sie gewinnen Einfühlungsvermögen. Einfühlungsvermögen ist etwas Unschätzbares, weil es Feindseligkeit unweigerlich entschärft. Es ist psychologisch unmöglich, auf jemanden böse zu sein, wenn Sie gleichzeitig fühlen, was der andere empfindet.

Man kann Einfühlungsvermögen heraufbeschwören, indem man Analogien benutzt, die die Gefühle einer Person in die Sprache des anderen übertragen. Im Falle der Lakes stellte ich Robert in seiner Eigenschaft als Chef der Konstruktionsabteilung einer Maschinenfabrik vor eine hypothetische Situation: »Wie würdest du dich fühlen, wenn du an einem großen Projekt arbeiten würdest und einer aus deinem Team wäre unhöflich und schnodderig zu deinen Kunden?«

Robert gab zu, daß er verärgert und vielleicht auch gekränkt wäre, weil das Verhalten seines Mitarbeiters seinem eigenen Ruf schaden könnte. Mit ein wenig Nachhilfe konnte er die Parallelen zu der Erfahrung seiner Frau erkennen. Janet war stolz auf ihren Ruf, Menschen zusammen und gute Gespräche in Gang zu bringen. In ihren Augen warf das kurz angebundene Verhalten von Robert ein schlechtes Licht auf sie und bedrohte einen wertvollen Aspekt ihres Lebens. Da Freundschaften für sie so wichtig waren wie Geschäftsverbindungen für Robert, gab sein unsoziales Verhalten ihr genau das gleiche Gefühl, wie er in dem angenommenen Szenario zu haben glaubte. Als Robert dies erkannte, wurde seine Haltung umgänglicher, und er entschuldigte sich bei Janet.

Die Lakes waren beim gegenseitigen Einfühlungsvermögen auf halbem Weg angelangt. Nun mußte Janet noch die Gefühle, die ihr Mann empfand, erkennen.

Mir wurde klar, daß Robert dem Gesellschaftsleben aus dem Weg ging, weil er sich im Umgang mit Dingen und Zahlen wohler fühlte als mit Menschen, insbesondere Fremden.

Indem er gesellschaftliche Anlässe herunterspielte und so tat, als ob Janet kein Recht hätte, von ihm eine Teilnahme zu erwarten, konnte er sein Gefühl der Unzulänglichkeit verbergen und brauchte sein Verhalten nicht zu rechtfertigen.

Um Janets Einfühlungsvermögen zu wecken, brachte ich ein Thema zur Sprache, auf das sie empfindlich reagierte – ihre Fähigkeiten als Mutter. »Stell dir vor, deine Kinder würden sich, wenn du sie zur Kindertagesstätte bringst, in Gegenwart der anderen immer ganz schrecklich benehmen. Stell dir vor, sie wären trotz deiner Ermahnungen weiterhin ungezogen.« Janet meinte, das wäre ihr äußerst unangenehm. Sie würde sich so unzulänglich vorkommen, daß sie, um sich diese Peinlichkeit zu ersparen, es möglichst umgehen würde, sich mit ihren Kindern zu zeigen – geradeso wie Robert Geselligkeiten mied, weil er sich in Gesellschaft unbehaglich fühlte. Damit sie sich in die Bitterkeit, die ihr Mann wegen ihrer Kritik empfand, hineinversetzen konnte, fragte ich sie, wie sie sich fühlen würde, wenn ihre eigene Mutter ihre Eignung als Mutter anzweifeln und sich über ihre Unzulänglichkeit äußern würde. »Das würde mich nervös machen und mir überhaupt nicht gefallen«, gab sie zu. Und genau das erlebte Robert bei gesellschaftlichen Zusammenkünften.

Es wäre übertrieben zu sagen, daß Analogien die Beziehung der Lakes wieder in Ordnung brachten. Es veränderte jedoch die Atmosphäre. Jetzt herrschte Empathie statt Antipathie. Sie hatten nun eine gemeinsame Basis, von der aus sie ihre Verschiedenheit wie Erwachsene besprechen konnten.

> Verstehen heißt nicht beweisen und begründen, sondern wissen und glauben.
>
> *Thomas Carlyle*

Dieses Verfahren kann immer angewandt werden, wenn Mißverständnisse auftauchen, doch besonders hilfreich ist es in Mann-Frau-Beziehungen. In diesem Zusammenhang habe ich bestimmte Arten von Analogien als besonders erfolgreich empfunden: für Männer berufliche Situationen und das Bedürfnis nach Autonomie, für Frauen Beziehungsthemen und das Bedürfnis nach Intimität. Im allgemeinen neigen Männer und Frauen dazu – unabhängig von ihrem Beruf, Status oder ihren Werten –, in diesen Bereichen Identität und Respekt zu suchen. Bei einem Mann kann der Verlust seiner Arbeit ähnliche Gefühle der Minderwertigkeit hervorrufen, die eine Frau empfindet, wenn ihr Liebhaber sich von ihr trennt. Die Frustration eines Mannes in einem aussichtslosen Job ist vergleichbar mit der einer Frau, die sich durch Kinder und Haushaltspflichten eingeengt fühlt. Die Angst des Mannes vor Demütigung ähnelt der Angst der Frau vor dem Verlassenwerden. Wenn Sie bereit sind, zu fühlen, was andere empfinden – und ihnen wiederum helfen zu fühlen, was Sie empfinden –, verhelfen Analogien Ihnen zu diesem Einfühlungsvermögen.

Hilfreiche Einsicht

Wenn andere dich einfach nicht verstehen, bring sie dazu zu fühlen, was du empfindest.

In Aktion treten

Wenn Sie frustriert sind, weil man Sie nicht versteht, werden Sie nicht böse, sondern versuchen Sie, sich auf eine andere Art auszudrücken.

Statt zu belehren oder zu kritisieren, sollten Sie Analogien benutzen, die den anderen helfen zu fühlen, was Sie empfinden.
Vergewissern Sie sich über Ihre eigenen Gefühle. Stellen Sie genau fest, was Sie fühlen und warum.
Denken Sie an Situationen, die den anderen dazu bringen, zu fühlen, was Sie empfinden. Analogien funktionieren am besten, wenn sie der Persönlichkeit und den Umständen des anderen entsprechen.
Fragen Sie, wie er sich in einer solchen Situation fühlen würde. Klagen Sie nicht an, und sprechen Sie in einem ruhigen, versöhnlichen Ton.
Wenn der andere die entsprechenden Gefühle erkennt, fragen Sie ihn, ob er eine Parallele zu Ihrer Erfahrung sehen kann. Es braucht vielleicht ein wenig Nachhilfe, wie zum Beispiel: »Wenn du mich in Gegenwart unserer Freunde kritisierst, fühle ich mich wie du, wenn ...«
Vertauschen Sie die Rollen, indem Sie sich eine Situation vorstellen, in der Sie sich in den anderen hineinversetzen können.
Sagen Sie dem anderen, daß Sie verstehen, wie er fühlt. Sie werden wahrscheinlich seine Feindseligkeit vor Ihren Augen dahinschmelzen sehen, was Ihnen die Gelegenheit gibt, offener miteinander zu kommunizieren.

5 Warten, bis es zu spät ist

Wenn ein Mann am Morgen den richtigen Weg erkennt, darf er am Abend ohne Bedauern sterben.
Konfuzius

Im Jahre 1991 wurden meine Kollegen und ich Zeuge einer Verhaltensweise, die ich die »Michael-Landon-Malibu-Epidemie« nannte. Als dieser athletische Schauspieler unheilbar an Krebs erkrankte, breitete sich der Gedanke »Wenn das ihm passieren kann, kann es auch mir passieren« wie ein Virus aus. Plötzlich konnten sich Ärzte und Psychotherapeuten nicht mehr vor Telefonanrufen retten.

Leider braucht es oft Tragödien, damit wir unser Leben einer Überprüfung unterziehen. Tragödien verändern unsere Sicht der Dinge und lösen Reuegefühle aus; manchmal kommt dies allerdings zu spät, um Berichtigungen vornehmen zu können. Das vielleicht bekannteste Beispiel hierfür ist der rastlose Mann, der seine ganze Energie in die Karriere steckt. Dann stirbt jemand aus seinem Umfeld – gewöhnlich der Vater, der Mentor oder ein Altersgenosse –, oder er selbst wird von einer streßbedingten Krankheit zu Fall gebracht. Ihm wird bewußt, daß er noch einmal ein Leben brauchte, um all die Bücher zu lesen, die er gerne lesen möchte. Seine Kinder sind ohne ihn groß geworden. Er und seine Frau hatten seit Jahren nicht mehr wirklich Zeit füreinander. Jetzt erkennt er die Weisheit eines oft zitierten Satzes: »Kein Sterbender wünscht sich, er hätte mehr Zeit in seinem Büro verbracht.«

Ich habe erwachsene Männer und Frauen wie Kinder weinen sehen, weil ein Elternteil starb, bevor sie sich mit ihm versöhnen oder ihre Liebe und Dankbarkeit zum Ausdruck bringen konnten. Unter ihnen war eine Patientin, die seit fünfzehn Jahren keinen Kontakt zu ihrer Mutter hatte. Sie mied die Frau, von der sie stets gemaßregelt und kritisiert worden war. Als sie von einem Verwandten vom Tod der Mutter erfuhr, kamen zu ihrem Erstaunen Gefühle der Zuneigung in ihr auf. Zum ersten Mal dominierten nicht die bösen Gedanken. Bedauern ergriff sie: »Meine Mutter aus meinem Leben zu streichen war ein Sieg, der ein schales Gefühl hinterläßt. Es hat mir zwar Ärger erspart, aber mir auch keine Chance für eine Verbesserung der Beziehung gelassen.«

> Ich bedauere nicht eine einzige Ausschweifung meiner Jugend – was ich, nun in meinen späten Jahren, bedauere, ist, einige Gelegenheiten nicht wahrgenommen zu haben.
>
> *Henry James*

Als ich während meines Medizinstudiums stundenweise in einem Altenheim arbeitete, machte ich eine meiner erschütterndsten Erfahrungen. Im ersten Geschoß, auf dem die hinfälligsten Patienten lebten, saß ein Mann den ganzen Tag gebeugt in seinem Rollstuhl und sprach leise und verbittert mit sich selbst. Ich sah mir seine Patientenkarte an, und zu meiner Verwunderung stellte ich fest, daß er ein berühmter Richter an einem Bundesgericht gewesen war. Als ich mich bei der Oberschwester erkundigte, warum der Mann nie Besuch erhalte, antwortete sie mir, daß er sich in seinem Leben mit allen Menschen verfeindet habe.

In einem Geschoß weiter oben traf ich auf den vitalen und

lebensfrohen Mr. Bronstein. Als ich ihn verwundert fragte, weshalb er in einem Altenheim wohne, erklärte er mir, daß seine Frau im ersten Geschoß lebe. Das Ehepaar hatte nach seiner Einwanderung in die Vereinigten Staaten Seite an Seite als Schneider und Näherin gearbeitet. Sie überstanden gemeinsam die Depression und den Zweiten Weltkriegs und zogen drei Kinder groß, die sie mit Stolz erfüllten. Dann erlitt seine Frau einen Schlaganfall. Ihr Sprachzentrum war gestört, sie verlor die Kontrolle über Blase und Darm und erkannte ihren Mann nicht mehr. Dennoch säuberte er jeden Morgen ihr Bett, wusch sie und flocht ihre Haare. »Wenn die anderen mich fragen, warum ich das tue, antworte ich ihnen: ›Was könnte wichtiger sein? Sie hat mein Leben mit mir geteilt und würde für mich das gleiche tun.‹«

Mr. Bronstein ist sicherlich ohne Reuegefühle gestorben. Ich bezweifle, ob dem Richter das gleiche Glück widerfuhr. Er hat Großes erreicht, doch hätte man ihn gefragt, ob er etwas anders machen würde, hätte er wahrscheinlich mit dem Satz, den Ty Cobb gesagt haben soll, geantwortet: »Ich hätte mir mehr Freunde machen sollen.«

Obwohl Sie sicherlich wissen, was im Leben wichtig ist, haben Sie es möglicherweise aus Ihrem Bewußtsein verbannt, um Ihren Status quo nicht zu gefährden. Wenn es eines Sterbefalles oder einer lebensbedrohenden Krankheit bedarf, um Sie aufzuwecken, kann es vielleicht schon zu spät sein.

Hilfreiche Einsicht

Es muß nicht erst jemand sterben, damit Sie sich bewußt werden, was wichtig ist.

In Aktion treten

Stellen Sie sich vor, achtzig Jahre alt zu sein und auf Ihr Leben zurückzublicken.
Fragen Sie sich, was Ihnen das Gefühl geben würde, ein sinnvolles Leben geführt zu haben.
Wenn Sie fortfahren, so zu leben wie bisher, können Sie dann im Alter von achtzig Jahren sagen, daß Sie alles, was Ihnen wichtig war, getan haben?
Was können Sie von heute an anders machen, um im Alter von achtzig Jahren mit Zufriedenheit auf Ihr Leben zurückzublicken?
Beginnen Sie damit.

6 Im Zorn alles noch schlimmer machen

Der Zorn ist eine kurze Raserei.
Horaz

Mit geballten Fäusten kann man nicht klar denken.
George Jean Nathan

Marianne war die einzige Frau im Redaktionsstab einer Fernsehshow. Ihr Geschlecht hatte nie eine Rolle gespielt; sie wurde immer als gleichberechtigt behandelt. Doch als sie nach einem Mutterschaftsurlaub ihre Arbeit wiederaufnahm, mußte sie die Erfahrung machen, daß ihre Ideen nicht mehr ernst genommen wurden und die Aufgaben, die man ihr zuwies, nicht mehr ihren Fähigkeiten und ihrer Erfahrung entsprachen. Es war, als ob sie während ihrer Abwesenheit zurückversetzt worden wäre.

Das Problem verschlimmerte sich noch dadurch, daß Marianne ihr Kind selbst stillte. Immer wenn sie sich entschuldigte, um in einem anderen Raum ihre Milch abzupumpen, fing ein Kollege an »Muh« zu brüllen, und die anderen machten entsprechende Witze. Marianne war wütend, aber sie wußte, wenn sie ihren Zorn an ihren Kollegen auslassem würde, brächten sie das Klischee der hormongesteuerten Frau aufs Tapet, die keinen Spaß versteht. Ein Wutausbruch würde sie auch nicht zu ihrem Ziel führen, das darin bestand, den Respekt, den sie sich früher erworben hatte, wiederzugewinnen.

Wut und Wahn gehen Hand in Hand.
Benjamin Franklin

Marianne hatte natürlich recht. Wenn man seine Wut abreagiert, kann dies zu einer kurzfristigen Erleichterung führen, doch oft riskiert man dabei, etwas zu tun, was man später bedauert. Die andere Alternative, nämlich seine Wut zu unterdrücken, kann ebenfalls gefährlich sein, weil im Inneren etwas nagt und möglicherweise zu Depressionen oder psychosomatischen Krankheiten führt. Ich erzählte Marianne von einer dritten Alternative: Diese besteht darin, die Wut in eine innere Überzeugung umzuwandeln und auf der Basis von Prinzipien zu handeln. Das verleiht Ihnen die Klarheit, den Mut und die Stärke, wirksam zu handeln.

Ich riet Marianne, sich zu überlegen, gegen welche Prinzipien ihre Kollegen verstoßen haben, und einen Weg zu suchen, sich zu diesen Prinzipien zu bekennen. Bei der nächsten sich bietenden Gelegenheit wandte sie sich an ihre Kollegen und sagte: »Ich glaube, wir sind uns alle einig, daß wir uns professionell verhalten und uns gegenseitig als gleichberechtigt behandeln sollten. Wenn ihr also meint, die Versorgung meines Kindes verhindere ein professionelles Arbeiten, werde ich damit aufhören ... unter der Bedingung, daß ihr aufhört, private Telefonanrufe anzunehmen, über eure Rendezvous zu berichten und Sitzungen zu unterbrechen, um über Fußball zu reden. Gleiches Recht für alle.«

Ich höre die Wut in deiner Stimme,
aber nicht die Worte.
Shakespeare

Durch ihr Handeln aus Überzeugung, verbunden mit einer Prise Humor, hat Marianne dem feindseligen Verhalten ein

Ende bereitet, ohne an Würde zu verlieren. Danach konnte sie aus einer Position der Stärke auch noch anderes ansprechen – wie ihre weniger interessanten Aufgaben. Hätte sie gekränkt oder abwehrend gehandelt, wäre ihren Klagen kein Glaube geschenkt worden und sie hätte noch mehr an Respekt verloren – wahrscheinlich sogar den für ihre eigene Person.
Wann immer Sie stark empfundene Werte über Ihre persönlichen Gefühle stellen können, gewinnen Sie etwas Größeres als den Triumph der Vergeltung: den Mut und die Kraft der Überzeugung.

Hilfreiche Einsicht

Wut macht Sie wild, Überzeugungen machen Sie stark.

In Aktion treten

Ob Sie es mit feindseligen Kollegen, einem widerspenstigen Ehepartner, einem ungehorsamen Kind oder einem unverschämten Tyrannen zu tun haben, versuchen Sie Ihre Wut in eine Überzeugung umzuwandeln:
Beruhigen Sie sich. Widerstehen Sie dem Drang, impulsiv zu reagieren, und nehmen Sie sich Zeit, um über die Situation nachzudenken.
Fragen Sie sich, was Sie wütend gemacht hat. Meistens fühlen Sie sich ungerecht oder unzumutbar behandelt.
Werden Sie sich über die Prinzipien klar, die mißachtet wurden, und kleiden Sie Ihre Überzeugung in Worte.
Überlegen Sie sich, auf welche Art und Weise Sie am besten für Ihre Prinzipien einstehen.

7 Ja sagen, wenn man nein sagen möchte

> Mein Unglück war das Unglück
> eines Menschen, der nicht nein
> sagen konnte.
>
> *Dazai Osamu*

Als Becky und Ann beschlossen, gemeinsam ein Buch zu schreiben, hätte Becky nicht glücklicher sein können. Ann war nicht nur eine erfahrene Autorin, sondern auch ihre beste Freundin. Becky kaufte einen Computer, verwandelte ihr Gästezimmer in ein Büro, und die neuen Partnerinnen machten sich an die Arbeit.

Sofort spielte sich ein bestimmtes Verhaltensmuster ein. Ann setzte den Arbeitsplan fest und dominierte die Besprechungen, indem sie im Zimmer hin und her lief wie ein wild gewordenes Genie, das seine überbordende Phantasie nicht im Zaum halten konnte, während Becky, die Hände auf der Tastatur, mitschrieb. Mußte etwas weniger Anspruchsvolles erledigt werden, nahm Ann automatisch an, daß dafür Becky zuständig war. Wenn Ann Becky eine Frage stellte, klang es so, als ob sie sich rein rhetorisch an eine Untergebene wandte und nicht die Meinung einer Gleichgestellten hören wollte. Beckys eigene Ideen wurden regelmäßig als nicht brauchbar abgetan oder lächerlich gemacht. Es kam so weit, daß Becky sich vor ihren gemeinsamen Arbeitsstunden fürchtete. Das Verhalten von Ann war überheblich, das von Becky selbstschädigend. Ihre Angst, Ann könnte von dem Projekt zurücktreten, hinderte sie daran, sich selbst zu behaupten.

Gleichzeitig ärgerte sie sich jedoch über Anns Verhalten. Weil sie nicht nein sagte, sagte sie in Wirklichkeit ja und förderte damit ihre Ausbeutung. Noch selbstschädigender war es allerdings, die Situation nicht zur Sprache zu bringen und Wut und Frustration immer größer werden zu lassen. Irgendwann kam es dann zur Explosion, und sie schrie Ann an: »Du behandelst mich, als ob du die Chefin wärst und ich deine Untergebene, du arrogante Besserwisserin!«

Damit war das Problem erledigt, beendet war aber auch eine vielversprechende Partnerschaft und eine einst schöne Freundschaft.

Nicht ohne Angst nein oder ohne Groll ja sagen zu können ist ein weitverbreitetes Problem. So befürchtet zum Beispiel der Ernährer einer Familie, die Zuneigung seiner Lieben zu verlieren, wenn diese ihren Lebensstandard zurückschrauben sollen. Bringt er die Angelegenheit jedoch nicht zur Sprache, hegt er einen Groll, weil alles für selbstverständlich gehalten wird. Menschen, die mit Süchtigen leben, wissen, daß eine Kooperationsverweigerung mit dem Suchtverhalten einen explosionsartigen Ausbruch oder eine kindische Beschuldigung auslösen kann. Doch wenn Sie das Verhalten wortlos ertragen, ärgern Sie sich, weil Sie sich manipuliert vorkommen.

Wenn Sie sich ärgern, weil Sie ein nicht annehmbares Verhalten stillschweigend erdulden, andererseits aber Angst haben, sich dagegen aufzulehnen, könnte die Lösung des Problems für Sie darin bestehen, die betreffende Person einfach zu meiden. Das geht natürlich nicht, wenn er oder sie eine wichtige Rolle in Ihrem Leben spielt. Die einzige Art, das Dilemma aus der Welt zu schaffen, ist, »Stopp« zu sagen, wobei Sie jedoch bedenken müssen, daß die Wahl des Zeitpunkts entscheidend ist. Wenn Sie zu lange warten, wird sich der andere angegriffen fühlen und Ihnen Vorhaltungen machen: »So, du hast also bis jetzt geschwiegen. Du bist mir vielleicht eine heuchlerische Person!« Die Reaktion von Beckys früherer Partnerin lautete: »Kann ich deine Gedanken lesen? Wie konnte ich ahnen, daß du so darunter gelitten hast?« Hätte Becky gehandelt, bevor sie nervlich völlig am Ende war, hätte sie ihren Gefühlsausbruch verhindern und statt dessen etwa sagen können: »Vielleicht hätte ich nicht so lange schweigen sollen, aber die Art unserer Zusammenarbeit gefällt mir nicht. Ich weiß, daß du mehr Erfahrung hast als ich, aber ich kann auch meinen Teil beitragen, und es frustriert mich, wenn meine Ideen nicht ernst genommen werden. Ich hoffe, in Zukunft von dir mehr wie eine wirkliche Partnerin behandelt zu werden.«

Wichtig ist, die ersten Warnzeichen der Frustration zu erkennen: Wenn Sie sich zum Beispiel immer weniger auf die Gegenwart der anderen Person freuen, oder wenn Sie feststellen, daß nur immer Sie geben, oder wenn Sie das Gefühl haben, wegen Ihres Nachgebens ein Feigling zu sein.

Sie brauchen es nicht hinzunehmen, wenn andere sich unfair oder unangemessen verhalten. Und wenn Sie es akzeptieren, sollten Sie zu verstehen geben, daß Sie dem anderen eine Gunst erweisen und dafür eine Gegenleistung erwarten.

Hilfreiche Einsicht

Wenn Sie nicht ohne Angst nein oder ohne Groll ja sagen können, ist es an der Zeit, »Stopp« zu sagen!

In Aktion treten

Machen Sie sich bewußt, daß »mit etwas nicht einverstanden sein« nicht gleichbedeutend ist mit »widerspenstig, gemein oder stur sein«.
Machen Sie sich klar, daß nicht nein zu sagen als ein Ja gedeutet werden kann und das unerwünschte Verhalten sich dadurch möglicherweise verstärkt.
Vergewissern Sie sich, Ihr Gegenüber zu einem günstigen Zeitpunkt zur Rede zu stellen.
Drücken Sie Ihre Unzufriedenheit in Form einer Beobachtung aus.
Bringen Sie zum Ausdruck, wie Sie dies schmerzt oder frustriert. Beschuldigen oder werten Sie nicht.
Geben Sie zu, daß auch Sie zu dem Problem beigetragen haben.
Sagen Sie genau, wie sich das Verhalten in Zukunft ändern soll.
Formulieren Sie es so, daß es wie ein Vorschlag oder eine Bitte klingt und nicht wie ein Ultimatum.

8 Einen Groll hegen

Der Schwache kann nicht vergeben. Vergeben zu können ist eine Eigenschaft des Starken.
Mahatma Gandhi

Es gibt keine vollkommenere Rache als vergeben zu können.
Josh Billings

»Vergeben und vergessen können« ist eine dieser Redensarten, die wie ein guter Rat klingen, aber sehr schwer zu befolgen sind. Trotz unserer besten Absichten ist nicht vergeben und nicht vergessen gewöhnlicherweise das, was wir tun.

»Nicht vergeben können« ist oft das gleiche wie »mit der Beschuldigung fortfahren«. Beschuldigen, dieser mächtige Verteidigungsmechanismus, ist ein Mittel, Ihre Wut und Enttäuschung abzureagieren. Es schützt Sie davor, die eigenen Schwächen zugeben zu müssen. Für Ihre Probleme jemandem anderen die Schuld zuzuschieben läßt Sie in einer passiven Position verharren. Es ist angenehm, keine Verantwortung zu tragen, aber es hält Sie auch davon ab, Schritte zu unternehmen, um Ihre Situation zu verbessern.

Genauso ist »nicht vergessen« das gleiche wie »nicht aufhören können, sich zu erinnern«. Auch dies ist eine Form des Selbstschutzes. Denn Sie glauben, die Erinnerung an eine frühere Kränkung halte Ihre Aufmerksamkeit wach und schütze Sie so davor, erneut verletzt zu werden. Das Problem dabei ist, daß Ihr Mißtrauen Sie so verkrampft und vorsich-

tig machen kann, daß anderen der Umgang mit Ihnen zu mühsam ist. Sie fühlen sich dann zwar in Sicherheit, leiden aber unter Ihrer Einsamkeit.
Wann ist es besser zu vergessen? Wenn Sie gelernt haben, wie Sie die Wiederholung einer schmerzhaften Situation vermeiden können.

> Ungerecht behandelt zu werden ist bedeutungslos, es sei denn, du kannst es nicht vergessen.
>
> *Konfuzius*

Albert, ein ehrgeiziger junger Angestellter, hatte es auf eine Position abgesehen, die in seiner Firma in naher Zukunft besetzt werden sollte. Während der Zeit, in der er sich bemühte, seinen Vorgesetzten zu imponieren und sich in ein günstiges Licht zu setzen, fand eine Firmenfeier statt, an der er mit seiner Frau Sherry teilnahm. Sie, eine Künstlerin, die zu ihren eigenen Trommelklängen tanzte, trank an diesem Abend über den Durst und brachte Albert mit lockeren Redensweisen in Verlegenheit. Als statt ihm jemand anderer befördert wurde, gab er seiner Frau die Schuld. Nahezu ein Jahr lang ging er allein zu Firmenanlässen, um Peinlichkeiten aus dem Weg zu gehen, und er erinnerte Sherry an den Vorfall, wann immer er wegen seines Karriereknicks frustriert war. Sein anhaltender Groll drohte die Ehe zu zerstören.
Doch dann, bei der jährlichen Bewertung, erläuterte ihm sein Chef, warum er nicht weiterkam und was er tun müsse, um in der Firma aufzusteigen. Natürlich hatte es mit seiner Leistung zu tun und nicht mit seiner Frau. Er wurde sich bewußt, daß es falsch gewesen war, Sherry zu beschuldigen. Als sich seine Leistungen und seine Karriereaussichten ver-

besserten, war er endlich fähig zu vergeben. Und er machte sogar noch einen zweiten Schritt, indem er ruhig und verständnisvoll Sherry gegenüber seine Besorgnis zum Ausdruck brachte. Sie versprach, bei Firmenanlässen nicht mehr übermäßig zu trinken und sich korrekt zu benehmen. Als er sicher war, daß sich das Vergangene nicht wiederholen würde, konnte Albert sowohl vergessen als auch verzeihen.

> Vergebung sollte sein wie ein Schriftstück, das, in Stücke zerrissen und verbrannt, nie wieder jemandem vorgehalten werden kann.
>
> *Henry Ward Beecher*

Am besten gelingt es zu vergeben, wenn man aufhört, über den eigentlichen Groll nachzudenken, und sich auf wichtige Ziele konzentriert. Wenn Sie nach vorne blicken und sich ein befriedigendes Leben schaffen, fühlen Sie sich weniger frustriert und verärgert. Sie sind eher bereit, Verantwortung für Ihr Handeln zu übernehmen, und Ihr Bedürfnis, andere zu beschuldigen, läßt nach. Kurzum, es wird Ihnen wichtiger sein, in Ihrem Leben voranzukommen, als Revanche zu suchen.

Der beste Weg, vergessen zu können, ist, Ihr Verhalten und Ihre Lebensumstände zu verbessern, damit Sie genügend Selbstsicherheit besitzen, um bittere Erinnerungen loszulassen. Wenn Sie in der Vergangenheit von jemandem gekränkt wurden, versuchen Sie mit dieser Person zu einer Verständigung zu kommen, damit Sie einigermaßen sicher sein können, daß es nicht wieder vorkommen wird. Es ist auch gut herauszufinden, was Sie so verwundbar gemacht hat, um Ihre Haltung oder Ihr Verhalten entsprechend zu ändern. Die Gewißheit, mit einer solchen Situation, sollte sie sich wiederholen, umgehen zu können, ohne am Boden zerstört zu sein, ermöglicht es Ihnen, sowohl zu vergessen als auch zu verzeihen.

Hilfreiche Einsicht

Wir vergeben, wenn wir nicht länger beschuldigen müssen; wir vergessen, wenn wir uns nicht länger zu erinnern brauchen.

In Aktion treten

Fragen Sie sich, wie teuer es Sie zu stehen kommt, nicht vergeben und nicht vergessen zu können.
Überlegen Sie sich, was der andere falsch gemacht hat und was Sie von ihm brauchen, um sich in Zukunft sicher zu fühlen.
Fragen Sie sich, ob Sie zu dem Problem beigetragen haben.
Stellen Sie fest, was Sie lernen müssen, um eine Wiederholung zu verhindern.
Bewegen Sie sich in Ihrem Leben nach vorne. Wenn Sie sich eine zufriedenstellendere Zukunft schaffen, fällt es Ihnen leichter, die Vergangenheit zu vergessen.

9 Annehmen, daß keine Gegenleistung erwartet wird

Bevor du von einem Freund Geld borgst, überlege dir, was du nötiger hast.

Addison H. Hallock

Hillary hätte so gerne ihr Studium beendet und als Psychotherapeutin gearbeitet. Weil es ihr jedoch an Geld fehlte, war sie seit drei Jahren bei einem Wirtschaftsprüfer angestellt und besuchte lediglich die Kurse, die sie sich finanziell leisten konnte. Doch dann wendete sich das Blatt. Ihre Schwester und ihr Bruder hatten plötzlich geschäftlichen Erfolg und boten ihr an, das restliche Studium zu finanzieren. »Beende dein Studium, und sei glücklich in deinem Beruf. Das ist alles, was wir als Gegenleistung erwarten«, meinten sie huldvoll.

Oberflächlich gesehen, hielten sie sich auch an ihr Wort: Sie erwarteten nicht, von Hillary auch nur einen Groschen zurückzuerhalten. Aber Hillary entdeckte, daß sie subtilere Schulden hatte. Plötzlich wurde angenommen, daß ihr kein Weg zu weit sei, um an Familienfesten teilzunehmen, und bei diesen Festen wiederum erwartete man, daß sie bei jeder Gelegenheit ihre Dankbarkeit gegenüber ihren Wohltätern bezeuge. Außerdem riefen ihre Geschwister regelmäßig an, um mit ihr ihre Probleme mit den Kindern, dem Ehepartner und untereinander zu besprechen. Sie wollten für ihr Geld also die öffentliche Bekräftigung ihrer Dankbarkeit und ihren kostenlosen Rat. Sie waren großzügig, aber nicht völlig selbstlos. »Wenn ich gewußt hätte, was auf mich zukommt, hätte ich einen Kredit bei der Bank aufgenommen«, seufzte Hillary.

Sie mußte die Entdeckung machen, daß es »nichts ganz umsonst gibt«. Bewußt oder unbewußt führt fast jeder Buch über seine Wohltaten und noblen Gesten, und niemand möchte das Gefühl haben, ausgenutzt zu werden. Bei den erwarteten Gegenleistungen kann es sich um genau dieselbe Größenordnung handeln, wie wenn man etwa von Ihnen erwartet, daß Sie ebensoviel Geld für ein Geburtstagsgeschenk ausgeben, wie dasjenige für Sie gekostet hat. Die Erwartungen können jedoch auch subtiler sein – wie zum Beispiel außerordentliche Zeichen der Dankbarkeit oder eine Veränderung im Verhalten. Der andere ist dann verwirrt, fühlt sich getäuscht und manipuliert. Widerfährt ihm dies öfter, kann er zum Zyniker werden und eine abweisende Haltung entwickeln, die ausdrückt: »Bitte, tu mir keinen Gefallen.«

Warum möchten wir gerne glauben, daß die Menschen, die uns etwas geben, keine Gegenleistung erwarten? Ganz einfach – weil das Verlangen nach bedingungsloser Liebe nie zum Erlahmen kommt. Wir möchten, daß man uns gibt, nur weil wir da sind – so, wie wir es als Kinder erfahren haben (oder gerne erfahren hätten), bevor wir erwachsen wurden und die anderen von uns Gegenleistungen erwarteten. Wenn Menschen uns etwas geben und (gewöhnlich aus Höflichkeit) sagen, daß sie dafür nichts wollen, weckt dies in uns das kindliche Gefühl, geliebt zu werden, weil wir etwas Besonderes sind. Und daß wir das gerne glauben möchten, wundert wohl niemanden. Wenn wir nun entdecken müssen, daß Bedingungen daran geknüpft sind, fühlen wir uns hintergangen, und wir kommen uns töricht vor, weil wir uns selbst mit einem kindlichen Wunsch getäuscht haben.

Wenn Sie die Großzügigkeit von jemandem akzeptieren, kann es sein, daß Sie sich eine Schuld aufladen, von der Sie vielleicht gar nicht wissen, daß sie auf Ihnen lastet, und wenn Sie es versäumen, sie zurückzuzahlen, wird man Sie aus Beweggründen bestrafen, die Sie nicht verstehen können. Um dies zu verhindern, ist es ratsam anzunehmen, daß eine Gegenleistung erwartet wird. Sie können dies zum Ausdruck bringen, indem Sie zu dem Wohltäter sagen: »Ich hoffe, es ist mir möglich, irgendwann dasselbe für dich tun zu können.« Selbst wenn darauf bestanden wird, daß keine Gegenleistung erforderlich sei, überlegen Sie sich, wie ein fairer Ausgleich aussehen könnte, und bereiten Sie sich für alle Fälle darauf vor, diesen Plan auszuführen. Im allgemeinen ist es sicherer anzunehmen, daß eher viel als wenig erwartet wird. Sonst könnten Sie eventuell in dem Gefühl leben, Ihre Schuld wäre abgegolten, um dann entdecken zu müssen, daß Sie sich getäuscht haben.
Versuchen Sie gleich am Anfang herauszufinden, ob es sich bei der Geste um ein Geschenk, eine Gunst oder eine Leihgabe handelt. In jedem Fall entsteht eine andere Verpflichtung. So erfordert ein Geschenk zumindest ein Dankeschön, eine Gunst eine ähnliche Tat mit vertauschten Positionen und eine Leihgabe eine adäquate Bezahlung.
Genauso wichtig sind diese Unterscheidungen, wenn Sie der Wohltäter sind. Machen Sie sich nicht vor, ein Heiliger zu sein, der gibt und nichts dafür zu erhalten wünscht. Wenn Sie nicht klar äußern, was Sie in Wahrheit erwarten, gefährden Sie Beziehungen, indem Sie sich selbst als Opfer sehen. Es kann sogar sein, daß Sie dem anderen Ihr Vertrauen und Ihre Zuneigung entziehen, und weder Sie noch der andere wird wissen, warum Sie sich so verhalten.

Hilfreiche Einsicht

Es gibt immer irgendwelche Bedingungen.

In Aktion treten

Nehmen Sie an, daß die anderen für das, was sie geben, immer eine Gegenleistung erwarten. Akzeptieren Sie diese Einsicht ohne Bitterkeit.
Stellen Sie fest, ob es sich bei der Geste um ein Geschenk, eine Gunst oder eine Leihgabe handelt.
Ist es ein Geschenk, drücken Sie Ihre Dankbarkeit aus, und finden Sie möglichst eine Gelegenheit, dem anderen ein Gegengeschenk oder eine Aufmerksamkeit irgendwelcher Art zukommen zu lassen.
Ist es eine Gunst, halten Sie in Ihrem Gedächtnis fest, bei Gelegenheit eine Gunst im Gegenzug anzubieten.
Ist es eine Leihgabe, sagen Sie klar und deutlich, wie und wann und in welcher Form Sie sie zurückzahlen werden.

10 Auf Nummer Sicher gehen

Neuland wird nur entdeckt, wenn man bereit ist, für lange Zeit die Sicht auf das Ufer zu verlieren.
André Gide

Ein Stammesangehöriger eines Naturvolkes wurde nach New York gebracht. Nach seinen Eindrücken befragt, meinte er sorgenvoll, alle Menschen würden auf der Straße nach unten blicken. »Sie sehen den Himmel nicht.«

Diese Beobachtung drückt aus, was uns entgeht, wenn wir keine Risiken eingehen. Die häufig gemachte Bemerkung »Sei vorsichtig« ist vernünftig, wenn man auf den Straßen von Manhattan oder auf der Autobahn fährt. Sie mahnt uns, auf gefährliche Situationen zu achten – ein guter Rat, der aber, wird er zum Lebensmotto erkoren, tödlich sein kann. Sie werden dann vielleicht übervorsichtig, bewegen sich nur noch langsam vorwärts und verlieren möglicherweise völlig Ihren Orientierungssinn. Natürlich gibt es Situationen, in denen es besser ist, auf Nummer Sicher zu gehen. Aber wenn Sie dies immer tun, werden Sie es irgendwann bereuen.

Jonathan war Ende Dreißig und ein sehr erfolgreicher Softwareentwickler. Allem Anschein nach führte er ein Bilderbuchleben: Er besaß ein großes Haus in Beverly Hills, seine Frau war schön und erfolgreich, die zwei Kinder wohlgeraten, er genoß Anerkennung, und sein Gehalt war so hoch, daß es ihm peinlich war, wenn es in Zeitschriften erwähnt wurde.

Doch Jonathan war unglücklich. Vor vierzehn Jahren hatte er, ein junger Mann mit gewagten Ideen, in Silicon Valley Furore gemacht. Als die ersten von ihm geschaffenen Produkte ein riesiger Erfolg wurden, unterzeichnete er einen Langzeitvertrag mit einer großen Firma. Etabliert, angesehen und mit gesichertem Einkommen, leitete er eine Abteilung, die erstklassige – und *sichere* – Produkte fertigte. Er hatte gelernt, wie man Verbraucher und Aktionäre zufriedenstellt, aber er war nicht mehr kühn und mutig, und das bekümmerte ihn. »Ich bin nicht mehr kreativ«, lamentierte er. »Einst war ich ein Visionär. Nun bin ich ein Buchhalter.«

> Wohin sind sie entschwunden,
> die Visionen, die Träume und
> der Ruhm?
>
> *William Wordsworth*

Jonathan hatte gelernt, vorsichtig zu sein, aber eigentlich wollte er lieber wieder neue, unbekannte Pfade erproben.
Angst läßt uns vorsichtig sein; Sehnsucht, Selbstvertrauen und eine Vision lassen uns Neuland erforschen. Wenn wir wissen, daß Schlaglöcher und Unebenheiten uns nicht aus der Bahn werfen können, brauchen wir nicht ständig auf den Boden zu blicken. Wir können, mit auf das Ziel gerichtetem Blick, kraftvoll voranschreiten.
Ob wir dazu neigen, Risiken zu vermeiden oder einzugehen, kann gewöhnlich auf die Kindheit zurückgeführt werden. Alle Kinder sind von Natur aus abenteuerlustig und neugierig. Reagieren ihre Eltern, wenn sie sich weh tun oder etwas nicht klappt, mit einem verärgerten »Tu das nicht noch einmal!« oder einem ängstlichen »Laß das bitte sein, du wirst dir weh tun«, werden sie als Erwachsene eher auf Nummer Sicher gehen. Sobald sie versucht sind, ein Risiko einzugehen, flüstert ihnen ihr emotionales Gedächtnis zu: »Du wirst es bereuen.« Andererseits, wenn sie Eltern hatten, die ihnen

sagten: »Komm, versuch es noch einmal«, sind sie als Erwachsene gewöhnlich bereit, Risiken einzugehen, um ihre Träume wahr werden zu lassen.

> Wer nicht jeden Tag einmal seine
> Angst überwindet, hat die Lektion
> des Lebens nicht gelernt.
>
> *Ralph Waldo Emerson*

Jene, die gerne Risiken eingehen, wissen: Der beste Weg weiterzukommen ist, über sich hinauszuwachsen. Dabei lassen sie sich von ihrem Inneren leiten. Sie schrecken auch nicht vor Überraschungen zurück; im Gegenteil, sie suchen sie meist sogar. Und sie sterben selten voller Bedauern. Denn am Ende unseres Lebens bedauern wir nicht, was wir getan, sondern was wir nicht getan haben.
Mein Freund Timothy Gallwey, Autor von *The Inner Game of Golf,* läßt seine Klienten mit geschlossenen Augen das Einputten üben. Seiner Meinung nach hilft es, einen ruhigeren Schlag zu entwickeln, weil man gezwungen ist, seinem Instinkt zu folgen. Im wesentlichen sage ich meinen Patienten, die ihrem Leben eine neue Richtung geben möchten, dasselbe: »Schließen Sie Ihre Augen, nehmen Sie Kontakt mit Ihrer inneren Vision auf, und gehen Sie, wohin sie Sie führt. Es kann sein, daß Sie gelegentlich ins Stolpern geraten, aber Sie werden sehr viel mehr vom Leben haben. Und Sie werden den Himmel sehen.«

Hilfreiche Einsicht

Schau nicht, wohin du gehst; geh dahin, wohin du schaust.

In Aktion treten

Denken Sie an Zeiten in Ihrem Leben, in denen Sie optimistisch und idealistisch waren.
Lassen Sie dieses jüngere Ich einen kritischen Blick auf Ihr gegenwärtiges Ich werfen. Hat es das Gefühl, daß Sie Ihren Visionen treu geblieben sind?
Welcher Ihrer nicht realisierten Träume ist immer noch wichtig für Sie?
Ohne unrealistisch zu sein, fragen Sie sich, was Sie heute tun können, um dies in die Tat umzusetzen. Oder welche neue Vision könnte die Gefühle und Erfahrungen beinhalten, von denen Sie einst geträumt haben?
Vervollständigen Sie diesen Satz: »Wenn ich mein Leben jetzt sofort ändern könnte, würde ich ...«
Versuchen Sie Ihre Ängste in Chancen umzuwandeln. (Gefragt, wie er beim Baseball so viele Home-runs erreichen konnte, antwortete Sadahara Oh, der japanische Babe Ruth, er betrachte die gegnerischen Werfer nicht als Feinde, sondern als Partner, die ihm hülfen, den Ball besser zu treffen.)

11 Immer recht haben müssen

> Erst ziemlich spät in meinem Leben habe ich entdeckt, wie einfach es ist, ›Das weiß ich nicht‹ zu sagen.
>
> *Somerset Maugham*

> Menschen sind vielleicht nie beängstigender, als wenn sie davon überzeugt sind, recht zu haben.
>
> *Laurens van der Post*

Ein Experte auf dem Gebiet der Kommunikation machte einst folgende Unterscheidung: »Ein Alleswisser, der nicht weiß, wovon er spricht, ist ein Trottel. Ein Alleswisser, der weiß, wovon er spricht, ist ebenfalls ein Trottel.« Ob man weiß, wovon man spricht, oder ob man es nicht weiß – es ist selbstschädigend, sich wie ein Alleswisser aufzuspielen.

Tom, Redakteur bei einer Zeitschrift, kam in meine Sprechstunde, weil er in seinem Leben an einem Tiefpunkt angelangt war. Zuerst hatte man ihn bei einer Beförderung übergangen mit der Begründung, er hätte »Schwierigkeiten im Umgang mit anderen«. Seine Vorgesetzten warfen ihm vor, die anderen von oben herab zu behandeln. Außerdem hatte seine Frau die Scheidung eingereicht. Sie nannte ihn einen arroganten Scheißkerl, der immer recht haben müsse.

Tom war von alkoholabhängigen Eltern großgezogen worden, die oft ihre Selbstbeherrschung verloren und ihm das Gefühl gaben, im Unrecht zu sein. Als Erwachsener war ihm im Umgang mit anderen vor allem daran gelegen zu zeigen,

daß er im Recht war und immer alles unter Kontrolle hatte. Bei unseren ersten Zusammenkünften versuchte ich ihn in ein Zwiegespräch oder eine Diskussion zu verwickeln, aber es endete regelmäßig in einem Streitgespräch. Dann probierte ich es mit einer anderen Strategie: Ich ließ ihn einfach reden. Nach mehreren Sitzungen fragte er mich, warum ich ihn nie unterbreche, worauf ich ihm antwortete: »Sie scheinen viel zu sagen zu haben.« Das verwirrte ihn kurz, dann wurde er aggressiv, und danach blickte er verlegen nach unten und murmelte »Wem mache ich da etwas vor?«
Indem ich ihm aufmerksam zuhörte und ihn nicht herausforderte, hatte ich vermieden, was sein Besserwisserverhalten herausforderte: eine Konfrontation. Tom mußte Unruhe stiften, damit er Herr der Lage bleiben konnte. Aber im Grunde war er ein guter Mensch, und als er einsah, daß Menschen, die er liebte und respektierte, ihn für arrogant, selbstgerecht und respektlos hielten, erfüllte ihn dies mit Bedauern. Nun, da er an einem Tiefpunkt angelangt war, war er bereit, sich selbst einer ehrlichen Überprüfung zu unterziehen.

> Der Mensch sollte sich nie schämen, zugeben zu müssen, daß er unrecht hatte. Damit drückt er – in anderen Worten – nur aus, daß er heute klüger ist als gestern.
>
> *Alexander Pope*

Tom hatte folgendes gelernt: Wie die meisten Menschen, die immer recht haben müssen, hatte auch er aus Notwehr gehandelt. Tief in seinem Inneren glaubte er, alle anderen würden ihm sagen: »Du weißt nicht, worüber du sprichst.« Er zeigte weniger, daß er im Recht, sondern daß er nicht im

Unrecht war. Aber seine Art war so aggressiv, daß es als Angriff und nicht als Verteidigung aussah, als ob er von den anderen erwartete, seiner Meinung zuzustimmen oder sich zu fügen. Seine Botschaft lautete nicht »Ich bin nicht im Unrecht«, sondern »Du bist im Unrecht«.
Wenn Sie sich verteidigen, obwohl Sie nicht angegriffen werden, wird sich die andere Person angegriffen fühlen. Man wird Sie nicht als eine energische Person mit starken Überzeugungen bewundern, sondern als einen rechthaberischen Langweiler ablehnen. Wenn Sie im Berufsleben das Glück haben, außergewöhnlich intelligent, talentiert oder produktiv zu sein, werden die Menschen Ihr Verhalten tolerieren. Doch sobald Sie Fehler machen, wird niemand einen Finger für Sie rühren. Die einen werden glauben, daß Sie Hilfe nicht anerkennen, und die anderen werden sich freuen, wenn Sie auf die Nase fallen.
Im Gegensatz zu Tom gibt es Alleswisser, die diese Lektion nie lernen. Denn wenn Sie glauben, immer im Recht zu sein, können Sie nichts Neues mehr hinzulernen. Sie sind nicht mehr offen, weil Wissen und Lernen nicht gleichzeitig stattfinden können.
Immer recht zu haben ist ganz einfach nicht in Ordnung und auch gar nicht möglich. Es wird Ihnen Ablehnung statt Macht und Anerkennung einbringen. Ab und zu mal nicht recht zu haben mindert Ihren Wert nicht, es macht Sie menschlicher und zugänglicher.

Hilfreiche Einsicht

Wenn niemand Sie angreift, wird eine defensive Haltung als Angriff verstanden.

In Aktion treten

Wenn Sie das nächste Mal glauben, sie müßten zeigen, daß Sie im Recht sind, fragen Sie sich, ob ein Sieg das Risiko wert ist, die anderen zu kränken und dafür abgelehnt zu werden.

Achten Sie auf die Reaktion der anderen. Wenn Sie wie ein Alleswisser handeln, werden die anderen entweder mit Ihnen streiten oder sich hilflos vor Ihnen zurückziehen.

Wenn Sie beweisen können, daß Sie im Recht sind, achten Sie darauf, daß sich die anderen nicht gedemütigt fühlen.

Lassen Sie die Meinungen und Ansichten anderer gelten.

Wenn Sie jemanden gekränkt haben, geben Sie zu, unrecht gehandelt zu haben. Das ist das beste Mittel, den Kontakt wiederherzustellen.

Erkennen Sie, wie es ist, nicht recht zu haben. Können Sie mit dem Gefühl fertig werden? Vergessen Sie nicht, der Lohn dafür ist, andere Menschen nicht vor den Kopf zu stoßen.

Statt ein Alleswisser zu sein, versuchen Sie möglichst viel zu wissen. Ziehen Sie die Meinung anderer in Betracht, und überlegen Sie, welche Reaktion die jeweilige Situation erfordert.

12 Sich auf die Fehler des Partners konzentrieren

Laß mich ein wenig nachsichtiger und ein wenig blinder sein bei den Fehlern der anderen. Laß mich ein wenig mehr loben.

Edgar A. Guest

Nie gibt jemand mehr von seinem Charakter preis, als wenn er den anderen, beschreibt.

Jean Paul Richter

»Warum soll ich mich bemühen? Du bist doch zu keinem einzigen Zugeständnis bereit!«
»Was? Ich bin derjenige, der ständig versucht, sich zu ändern. Von deiner Seite kommt doch überhaupt nichts!«
Das ist ein typischer Wortwechsel in Paartherapien. In dem Bemühen, Reibungen in Partnerbeziehungen zu vermindern, sind die meisten von uns bereit – auch wenn es schwerfällt -, Dinge zu tun, die den Partner zufriedenstellen, wie etwa eine ärgerliche Gewohnheit abzulegen, bei der Hausarbeit zu helfen oder nicht immer gleich in Wut zu geraten. Diese Bemühungen sind nicht einfach, aber wir sind im allgemeinen dazu bereit – wenn wir das Gefühl haben, daß unser Partner sich genauso bemüht. Doch wenn unser Partner nicht gewillt zu sein scheint, »Gleiches mit Gleichem zu vergelten«, ärgert uns dies, und wir werden in unseren Anstrengungen nachlässiger.
Leider neigen wir dazu, nicht auf die Bemühungen unseres

Partners zu achten, die Beziehung zu verbessern, sondern darauf, was dieser falsch macht. Natürlich reagiert dieser mit derselben eingeschränkten Sicht, und damit schließt sich der Teufelskreis der gegenseitigen Vorwürfe.

> Wenn wir keine eigenen Fehler
> hätten, würden wir nicht soviel
> Vergnügen darin finden, die der
> anderen zu bemerken.
>
> *François, Duc de la Rochefoucauld*

Wie so viele Paare, stritten sich Ross und Nancy Koestler über Geld. Ross, der aus einer armen Familie stammte und sich hochgearbeitet hatte, warf seiner Frau vor, zuviel Geld auszugeben. Seit seine Geschäfte stagnierten, überwachte er Nancys Einkaufsverhalten und explodierte jedesmal, wenn er das Gefühl hatte, daß etwas Unnötiges angeschafft wurde. Nancy, eine freiberufliche Fotografin, war in einer begüterten Familie aufgewachsen und sah in Ross nur den Geizkragen, der sein Geld lieber hortete, als sich und seiner Familie ein Vergnügen zu gönnen. Sie war gekränkt, daß er ihr nicht zutraute, verantwortungsvoll in finanziellen Dingen zu handeln.

Trotz ihrer Probleme wollten beide Partner ihre Ehe nicht in Gefahr bringen und waren bereit, ihren Anteil dazu zu leisten. Ross versuchte beherrschter zu sein und die Ausgaben seiner Frau nicht länger in Frage zu stellen. Nancy bemühte sich, nur noch das Notwendige zu kaufen. Doch keiner der beiden war fähig, die Anstrengungen des anderen anzuerkennen. »Von seiner Seite kommt einfach nichts«, klagte Nancy. Und Ross empörte sich: »Ich bemühe mich, seit wir mit dieser Therapie begonnen haben; du bist diejenige, die sich nicht ändert!«

Warum sind wir den Anstrengungen unseres Partners gegenüber so blind? Zum einen, weil es schwer ist, Buch zu führen. Vergißt er zum Beispiel, nach dem Mitternachtssnack die Küche aufzuräumen, kann man den Beweis am nächsten Morgen im Spülbecken sehen. Doch bemerkt sie auch, wie oft er die Küche saubergemacht hat? Pflichtverletzungen sind nicht nur leichter zu entdecken, wir schauen auch absichtlich nach ihnen aus, weil sie uns als Grund dienen, auch in unseren Bemühungen nachzulassen. Sie rechtfertigen zudem unseren Groll. Mit der Zeit summiert sich dieser Groll, und wir fühlen uns manchmal gereizt ohne direkten Grund. Es ist unangenehm, ohne Grund verärgert zu sein – deshalb suchen wir uns einen, so, wie Detektive nach einem Hinweis Ausschau halten, um ihren Verdacht zu rechtfertigen. Leider schafft das Entdecken von Fehlern nicht nur Groll, es hält uns auch davon ab, uns gegenseitig zu schätzen.

> Spare nicht mit deinem Lob. Menschen lieben es, diejenigen zu loben, von denen sie gelobt werden.
>
> *Bernard Baruch*

Es ist viel einfacher, an einer Beziehung zu arbeiten, wenn beide Partner nicht nur die eigenen Bemühungen, sondern auch die des Partners sehen. Um Paare dahin zu führen, bitte ich sie, folgende Fragen zu beantworten. Es hilft ihnen, Mißbilligung durch Wertschätzung zu ersetzen.
Haben Sie bestimmte Gesten bei Ihrem Partner beobachtet, die dazu dienen sollen, die Beziehung zu verbessern?
Können Sie sich an eine Gelegenheit erinnern, bei der Ihr Partner etwas für Sie getan hat?
Hat Ihr Partner etwas außer der Reihe getan, nur um Sie glücklich zu machen?

Hat Ihr Partner sich bemüht, Dinge nicht zu sagen, die Sie nicht gerne hören?
Hat Ihr Partner sich beherrscht, als er etwas tun wollte, was Sie nicht ausstehen können?
Hat Ihr Partner versucht, ein Verhalten, über das Sie sich beklagt haben, abzulegen?
Um den Prozeß der gegenseitigen Wertschätzung weiterzuentwickeln, ermutige ich Paare, ihre Bemühungen zu konkretisieren. Nancy Koestler, zum Beispiel, versprach Ross, ihn immer dann zu Rate zu ziehen, wenn sie beabsichtige, Einkäufe über fünfzig Dollar zu tätigen. Ross wiederum versprach, nicht mehr so schnell die Beherrschung zu verlieren und eine Aufstellung über ihre Finanzen anzufertigen, damit Nancy eine bessere Übersicht hatte. Auf diese Weise konnten beide die Bemühungen des anderen verfolgen.
An einer Beziehung zu arbeiten bedeutet, das zu tun, was im Interesse beider ist, auch dann, wenn es schwerfällt. Um dies durchzuhalten, müssen wir das Gefühl haben, daß der Partner sich genauso bemüht wie wir selbst. Am Ende zählt, was wir für- und miteinander tun.

Hilfreiche Einsicht

Wenn Sie wirklich an Ihrer Partnerschaft arbeiten wollen, erkennen Sie die Bemühungen Ihres Partners an, und sehen Sie nicht nur Ihre eigenen.

In Aktion treten

Wenn Sie das Gefühl haben, Ihr Partner trägt seinen Teil nicht bei, fragen Sie sich, ob es Ihnen und Ihrer Partnerschaft hilft, immer nach Fehlern des anderen Ausschau zu halten. Nehmen Sie die Bemühungen Ihres Partners wahr. Versuchen Sie auch die kleinen Dinge zu sehen, die er für die Partnerschaft tut.

Wissen Sie es zu schätzen, daß diese Bemühungen Kompromisse und Opfer erfordern – und daß Ihr Partner es aus Liebe zu Ihnen tut.

Behalten Sie die Anerkennung für Ihren Partner nicht für sich. Manchmal tun andere Dinge, die Ihnen mißfallen, weil sie sich nicht anerkannt fühlen.

Wenn Sie immer noch das Gefühl haben, Ihr Partner bemüht sich nicht, fragen Sie sich, ob Ihre Kritik fair und gerechtfertigt ist.

Lautet die Antwort ja, versuchen Sie Ihre Kränkung und Enttäuschung nicht in Form einer Anklage auszudrücken.

Sagen Sie Ihrem Partner, welche Veränderung Sie in seinem Verhalten wünschen, und fragen Sie ihn, ob er dies für fair und gerechtfertigt hält und ob er bereit ist, sich entsprechend zu bemühen.

Fragen Sie ihn, ob auch er von Ihnen eine Verhaltensänderung wünscht.

13 Sich mit nichteingehaltenen Versprechen abfinden

Unsere Worte sind geleitet von
unseren Hoffnungen und unsere
Handlungen von unseren Ängsten.
François, Duc de la Rochefoucauld

Nichteingehaltene Versprechen treffen uns tief, weil sie unseren Glauben in andere Menschen erschüttern. Als hilflose Kinder mußten wir, um uns sicher zu fühlen, den Menschen vertrauen, die sich um uns kümmerten; nun, da wir erwachsen sind, kann ein gebrochenes Versprechen Erinnerungen an diese frühe Wehrlosigkeit wecken und uns ärgern, verunsichern und manchmal bockig wie Kinder machen.

Nichteingehaltene Versprechen sind frustrierend und kränkend. Oft geben diejenigen, die ihr Wort gebrochen haben, ihr Fehlverhalten nicht zu, weil sie sich an das Versprochene ganz einfach nicht mehr erinnern. Um sich gut zu fühlen, sagen sie leichtfertig Dinge, die den anderen beruhigen und seine Sorgen zerstreuen sollen, aber auch – egoistischer – um Ruhe vor ihm zu haben. Sie erkennen nicht, daß der andere das Einhalten der Versprechen erwartet. So kommt es, daß der Chef Beförderungen andeutet, um seine Angestellten bei Laune zu halten, Eltern einen Ausflug nach Disneyland in Aussicht stellen, um die Kinder zu beruhigen, und Männer auf eine Eheschließung anspielen, um sich die Bewunderung und das Wohlwollen der Freundin zu sichern. Ihrer Ansicht nach ist es besser, eine momentan schwierige Situa-

tion durch Zugeständnisse zu entschärfen, als an die möglichen Folgen zu denken.
Manchmal machen wir es denjenigen auch einfach, die ihre Versprechen nicht erfüllen, indem wir sie für ihr Tun nicht zur Verantwortung ziehen. Um keinen Aufruhr zu verursachen und weil wir befürchten, ihr Vertrauen zu verlieren, versuchen wir ihren Wortbruch mit einem »Oh, er hat sich lediglich geirrt« oder »Sie muß es vergessen haben« rational zu erklären. In Wahrheit sind wir aber nahe daran zu explodieren und haben eine panische Angst, unsere Beherrschung zu verlieren. Doch weil wir den anderen nicht verlieren wollen oder eine häßliche Szene befürchten, zwingen wir uns zur Ruhe und sagen uns, daß kein Grund zur Aufregung besteht – und das nächste Versprechen nehmen wir dann wieder freudig entgegen.
Entschuldigungen für Menschen zu finden, die chronisch ihre Versprechen nicht einhalten, ist ein selbstschädigendes Verhalten. Wenn Sie nicht zugeben, wie enttäuscht Sie sind, oder wenn Sie das angerichtete Unheil herunterspielen, wird der andere weiterhin unbekümmert Ihre Erwartungen nicht erfüllen. Und wenn Sie ihn darauf ansprechen, wird er Entschuldigungen finden, denn er weiß, daß Sie es wieder durchgehen lassen – oder er besteht darauf, sich einfach nur geirrt zu haben. Wenn der andere seine Versprechen häufig nicht einlöst, wird es so weit kommen, daß Sie vor neuen Versprechen zurückschrecken. In diesem Fall sollten Sie dies als ein Zeichen ansehen, daß Sie von seinen Entschuldigungen genug haben und es an der Zeit ist, einen Schlußstrich zu ziehen. Als erstes sollten Sie sich dann fragen: »Bin ich so enttäuscht, daß ich eine Versöhnung für unmöglich halte? Ist mir die Beziehung wichtig genug, um meine Erwartungen herunterzuschrauben und etwas zu unternehmen, bevor der Schaden irreparabel wird?

Wenn Sie sich entscheiden, an der Beziehung festzuhalten, ist es wichtig, daß Sie die Person zur Rechenschaft ziehen. Tun Sie es, bevor Sie so verärgert sind, daß Sie die Beherrschung verlieren. Ein gutes Mittel, sich zu behaupten, ohne eine gehässige Machtprobe heraufzubeschwören, wird von mir die Columbo-Verteidigungsmethode genannt. Lehnen Sie sich wie Peter Falks berühmte Fernsehfigur etwas nach vorne, ohne Blickkontakt aufzunehmen, kratzen Sie sich am Kopf, als ob Sie äußerst verdutzt wären, und sagen Sie dann, Sie erinnerten sich – wobei Sie sich jedoch auch irren könnten – an ein Versprechen. Dies ist ein entwaffnender Weg, ein heikles Thema zur Sprache zu bringen, wenn Sie im Recht sind, den anderen aber nicht bloßstellen wollen.

Mandy, eine Patientin von mir, hat die Methode bei ihrem Freund Tom angewandt, der die Angewohnheit hatte, seinen Beruf vor die Beziehung zu stellen. Als er einmal ein verlängertes Wochenende in einem Kurhotel absagte, meinte Tom: »Ich mache das wieder gut. Im Frühjahr habe ich weniger zu tun, dann fahren wir für eine Woche nach Hawaii.« Als das Frühjahr langsam in den Sommer überging und kein Urlaub in Sicht war, wurde Mandy immer verärgerter. Sie konnte ein weiteres gebrochenes Versprechen nicht akzeptieren. Andererseits wußte sie, ließe sie ihrer Wut freien Lauf, würde er in die Defensive gehen und ihr vorwerfen, zu anspruchsvoll zu sein.

Mandy entschloß sich, die Columbo-Verteidigungsmethode anzuwenden. Eines Abends, nach einem schönen Essen, sagte sie zu Tom: »Weißt du, ich bin ein wenig durcheinander. Vielleicht täuscht mich ja mein Gedächtnis, aber ich glaube, du sagtest, wir würden im Frühjahr eine Reise nach Hawaii machen. Erinnerst du dich daran?«

Tom wußte, daß Mandy in Wahrheit sagen wollte: »Gut, du hast mir etwas versprochen. Ich will deswegen kein Theater

machen, ich will nur dein Gedächtnis auffrischen und dir eine Chance geben, die Sache in Ordnung zu bringen.« Ihr Verhalten imponierte ihm, und es gab ihm keine Gelegenheit, sich ohne eine unverfrorene Lüge aus der Affäre zu ziehen. Und das beste daran war, daß er sich ohne Gesichtsverlust an das Versprechen »erinnern« und es, wenn auch verspätet, einlösen konnte.
Menschen, die chronisch ihr Wort brechen, denken im allgemeinen, sie könnten damit durchkommen. Wenn Sie nicht hilflos alles mit sich geschehen lassen wollen, müssen Sie ihnen klarmachen, daß ein Wortbruch seinen Preis hat. Doch Sie müssen standhaft bleiben. Wenn Sie auf ihre Ausflüchte eingehen und klein beigeben, werden Sie Ihrem Vorsatz untreu, dies nicht mehr zu dulden – das heißt, auch Sie halten ein Versprechen, das Sie sich gegeben haben, nicht ein.

Hilfreiche Einsicht

Lassen Sie jemanden, der zu viele Versprechen nicht eingehalten hat, keine Versprechen mehr machen.

In Aktion treten

Wenn jemand laufend Versprechen nicht einlöst, versuchen Sie das nächste verbindlich zu machen.
Sagen Sie klar, was Sie erwarten: »Das klingt wie ein Versprechen. Es wird mir weh tun, wenn du es nicht einhalten kannst. Wie sehr kann ich mich darauf verlassen?
Bringen Sie keine vergangenen Missetaten zur Sprache. Es ist vergeudete Zeit und möglicherweise eine Einladung, einen Streit vom Zaune zu brechen.

Setzen Sie einen zeitlichen Rahmen fest: »Wann kann ich damit rechnen, daß dies geschieht?« Wenn der andere sich nicht festlegen will, setzen Sie selbst einen Termin: »Ich erinnere dich am Ersten des Monats daran.«
Wenn sich der andere nicht daran hält, nageln Sie ihn auf eine humorvolle Art fest. Witz und Einfallsreichtum bringen mehr zustande als Konfrontation oder Ultimaten.
Bleibt ein diplomatisches Vorgehen erfolglos, sagen Sie dem anderen, welche Folgen es haben wird, wenn das Versprechen uneingelöst bleibt. Sagen Sie zum Beispiel: »Ich werde mit anderen Männern ausgehen« oder »Es wird mir schwerfallen, dir wieder zu vertrauen«.
Mit diesen Schritten werden Sie hoffentlich Erfolg haben. Ist dem nicht so, hat der andere möglicherweise kein Interesse, seine Versprechen einzuhalten (im Gegensatz zu jemand mit guten Absichten, der leichtfertig Dinge verspricht), und Sie werden vielleicht kein weiteres Versprechen von ihm akzeptieren.
Praktizieren Sie selbst, was Sie predigen. Wenn Sie wollen, daß andere die Ihnen gegebenen Versprechen einhalten, sollten Sie sicher sein, daß Sie dasselbe tun. Versprechen zu machen, die man nicht einhält, ist genauso selbstschädigend, wie das Nichteinhalten von Versprechen bei anderen durchgehen zu lassen.

14 Einen Streit begraben, während man noch verärgert ist

> Wut in der Stimme ist oft nur das Todesröcheln der Vernunft in der Kehle.
>
> *John Frederick Boyes*

Kurz nachdem ich einen gewissen Bekanntheitsgrad als Experte für Paarbeziehungen erlangt hatte, erlebte ich selbst eine Krise in meiner Ehe. Nach einer Folge kleinerer Zusammenstöße hatte sich so viel Groll angesammelt, daß meine Frau und ich uns kalt und feindselig gegenüberstanden. Manchmal hatte ich sogar das Gefühl, sie nicht mehr zu lieben. Eines Nachts lag ich grübelnd im Bett, während sie neben mir ein Buch las. Die Atmosphäre war gespannt. Frustriert darüber, wie lange sich diese Umstimmigkeiten dahinzogen, beschloß ich, Frieden zu schließen. Mit den besten Absichten drehte ich mich zu meiner Frau. Ich wollte ihr ein Friedensangebot unterbreiten, aber die Worte, die aus meinem Mund kamen, ähnelten mehr einer Kriegserklärung. Ich wollte anfangen zu schreien, konnte mich aber gerade noch zurückhalten. Eine bittere Erkenntnis brachte mich innerlich zum Schaudern: Einerseits liebte ich meine Frau noch, andererseits konnte ich nicht aufhören, sie zu hassen. Mir war klar, daß nur rasches Handeln die Ehe vor dem Ruin oder vor einem frostigen Nebeneinanderherleben retten konnte. Doch solange wir noch wütend aufeinander waren, kam ein Friedensschluß nicht in Frage. »Wir müssen miteinander reden«, sagte ich.

»Es gibt nichts, worüber wir reden könnten«, lautete ihre knappe Antwort.
Ich insistierte: »Wir haben keine andere Wahl. Ich fürchte, ich kann nicht umhin, dich zu hassen.«
Sofort merkte meine Frau, daß sich etwas verändert hatte. Ich redete nicht auf sie ein, sondern ich redete mit ihr. »Ich befürchte das auch«, gab sie zu.
Unsere Hände fanden sich unter der Decke. Es war das erste Mal seit Wochen, daß wir uns berührten. Bald waren wir in das lange, ehrliche Gespräch vertieft, das wir beide so sehr brauchten.
Von diesem Moment an habe ich versucht, zerstrittenen Paaren klarzumachen, daß es sinnlos ist, Frieden zu schließen, bevor man den innerlichen Ärger überwunden hat. Wenn Sie versuchen, liebevoll zu sein, während Sie innerlich noch verärgert sind, kann Ihnen dies zu einem Waffenstillstand verhelfen, aber nicht zu einem wirklichen Frieden. Verletzte Gefühle lassen Sie auf der Hut sein. Bei den kleinsten Bemerkungen begeben Sie sich in die Defensive, und wenn der andere etwas tut, was Ihnen nicht hundertprozentig gefällt, reagieren Sie gereizt. Das ist natürlich nicht unbedingt ein Rezept für eine harmonische Beziehung. Nur wenn eine unterschwellig vorhandene negative Einstellung verflogen ist, kommen Sie zu dem Entschluß: »Ich will diesen Menschen nicht länger hassen.« Dann kann ein Wiederaufbau auf einem soliden Fundament beginnen.
Haß beginnt gewöhnlich mit einer Enttäuschung. Wenn Sie unangenehme Gewohnheiten bei Ihrem Partner entdecken, kommt Ihnen immer öfter der Gedanke: »Das ist nicht der Mensch, in den ich mich verliebt habe.« Zuerst zögern Sie, dem anderen davon zu erzählen, weil Sie ihm nicht weh tun wollen. Doch wenn Sie kein Ventil für Ihre Gefühle haben, stauen sie sich in einem Maße an, das Sie fürchten läßt, ein

Eingeständnis Ihres Seelenzustands könnte die Beziehung zerstören. Mit der Zeit verwandelt sich die Enttäuschung in Wut; diese Wut wird irgendwann chronisch und schlägt schließlich in Haß um.
Haß schadet dem, der haßt, gewöhnlich mehr als demjenigen, der gehaßt wird. Oft stelle ich Paaren die Frage: »Wenn Sie die Wahl hätten, würden Sie lieber in einer Beziehung leben, in der alles so geschieht, wie Sie es wollen, oder in einer Beziehung, in der Sie nie auf Ihren Partner wütend sein müßten?« Fast alle antworten: »Nie wieder auf ihn wütend sein.« Tief in unserem Inneren wissen die meisten, daß Haßgefühle viel schmerzhafter sind, als den eigenen Willen nicht erfüllt zu bekommen. Ein Ehemann sagte es treffend: »Das einzige, was ich mehr hasse als meine Frau, ist, sie zu hassen.«

> Mit einer geballten Faust kannst du
> dem anderen nicht die Hand
> reichen.
>
> *Indira Gandhi*

Können Sie sich ein schrecklicheres Schicksal vorstellen, als an Ihrem Lebensende feststellen zu müssen, daß Sie viel gehaßt und wenig geliebt haben? Wenn Sie den kalten Krieg zwischen Ihnen und Ihrem Partner beenden möchten, müssen Sie den Haß überwinden. Es wird Sie vielleicht erstaunen, aber Haß ist zum Glück leichter zu überwinden als der Verlust der Liebe. Wenn die Liebe wirklich stirbt, kann sie durch keine Willenskraft wieder zum Erblühen gebracht werden. Wird sie jedoch lediglich durch eine Wolke des Hasses getrübt, kann sie erneut erstrahlen, sobald der Haß sich verflüchtigt hat.

Hilfreiche Einsicht

Beziehungen sind am Ende, nicht weil man aufgehört hat zu lieben, sondern weil man nicht aufhören kann, einander zu hassen.

In Aktion treten

Statt sich vor Ihren schlimmen Gefühlen zu ängstigen, sollten Sie ihnen in Ihrer Phantasie freien Lauf lassen: Stellen Sie sich eine haßerfüllte, rachsüchtige Tat vor, die Ihren Gefühlen entspricht, und spielen Sie sie im Geiste durch. Dies kann Ihnen helfen, sich besser im Zaum zu halten.
Reden Sie mit Ihrem Partner über den Haß, den Sie an der Oberfläche spüren. Kommen Sie in Ihrem Gespräch aber auch auf das zu sprechen, was dieser Feindseligkeit zugrunde liegt. Gefühle bauen sich schichtweise auf. Unter dem Haß ist üblicherweise Wut, unter der Wut Frustration, unter der Frustration Kränkung und unter der Kränkung Angst. Wenn Sie Ihren Gefühlen Ausdruck verleihen, werden Sie sie im allgemeinen in dieser Reihenfolge durchdringen. Was mit dem Satz »Ich hasse dich« beginnt, gipfelt in der Regel in den Sätzen: »Ich habe Angst. Ich möchte dich nicht verlieren. Ich weiß nicht, was ich dagegen tun kann.«
Wenn Sie in Ihrem Gespräch von Haß zu Kränkung und Angst vorgedrungen sind, haben Sie das Fundament für einen Neuanfang gelegt. Folgende Partnerübungen können helfen, dieses Fundament zu festigen:

- Beide Partner beschreiben einen ihrer Charakterfehler. Bescheidenheit ersetzt Selbstgerechtigkeit.

- Beide Partner beschreiben eine Eigenschaft am anderen, die sie bewundern. Bewunderung ersetzt Enttäuschung.
- Beide Partner drücken ihre Wertschätzung für eine Handlung des anderen aus. Dankbarkeit ersetzt Groll.
- Beide Partner entschuldigen sich vorbehaltlos für eine Kränkung, die sie dem Partner zugefügt haben. Reue ersetzt Kränkung.

Jetzt können beide Partner sagen, durch welches Tun oder Nichttun des anderen sie gekränkt und verärgert wurden.

15 Nicht aus Fehlern lernen

> Alle nennen ihre Fehler Erfahrungen.
>
> *Oscar Wilde*

> Wenn du nicht aus deinen Fehlern lernst, wird es ein anderer tun.
>
> *Anonym*

Wir schaden uns selbst, wenn wir aus unseren Erfahrungen keine Lehren ziehen.

In einer alten Situationskomödie findet ein Mann eine Pistole und entschließt sich, sie in einer New Yorker Pfandleihanstalt einzulösen. Als der Angestellte die Pistole sieht, drückt er auf den Alarmknopf. Verwicklungen folgen, und am Ende versucht der Mann das Gericht von seiner Unschuld zu überzeugen. Bevor er freigelassen wird, ermahnt ihn der Richter: »In New York ist der Verkauf einer Pistole gesetzeswidrig. Was werden Sie tun, wenn Sie wieder eine finden?«

»In New Jersey in der Pfandleihanstalt einlösen«, antwortet unser Held.

Dieses Beispiel zeigt, wie aus einem Fehler eine falsche Lehre gezogen wird.

Am häufigsten ziehen wir folgende falsche Lehre aus Fehlern: Wir entschließen uns, in Zukunft ähnliche Situationen zu vermeiden, anstatt zu lernen, anders mit ihnen umzugehen. Obwohl manchmal auch gerechtfertigt, ist der Entschluß »Ich werde das nie wieder versuchen« oder »Ich gehe da nie wieder hin« meist ein Mittel, sich die Mühe zu ersparen, sein Verhalten einer nochmaligen Überprüfung zu unterziehen. Im Extremfall kann das Vermeiden oder Umgehen einer Situation zu einer Phobie werden; das heißt, Sie werden jedesmal von Ängsten gepeinigt, wenn Sie sich in einer Lage befinden, die dem ursprünglichen Trauma ähnelt.

In meine Praxis kam einmal eine junge Staatsanwältin, die zutiefst deprimiert war, weil sie ihren ersten Prozeß in den Sand gesetzt hatte. Sie wollte unbedingt erfolgreich sein, arbeitete viele Stunden an der Vorbereitung des Falls und vergaß darüber Essen und Schlafen. Nachdem sie die Nacht vor dem Prozeß durchgearbeitet hatte, eilte sie in den Gerichtssaal und legte ein brillantes Eröffnungsplädoyer ab, doch dann wurde sie von den Taktiken eines listigen Verteidigers niedergeschmettert. Ihr Schlafmanko und ihre Nervosität machten sich bemerkbar; sie verlor die Fassung, fing an, unzusammenhängende Dinge zu sagen, und kramte in ihrer Aktenmappe nach Material, das unauffindbar blieb. Der Richter ließ das Urteil wegen Verfahrensmängel aufheben.

Die Lektion, die sie aus der Angelegenheit zog, lautete: »Ich bin für das Strafrecht nicht geeignet.« Richtigerweise hätte sie sich sagen müssen: »Geist und Körper gesund zu halten und soviel wie möglich über den Gegner zu lernen ist ein wichtiger Aspekt der Vorbereitung. Ein Rückschlag bedeutet nicht, daß alle Anstrengungen, die mich bis hierher gebracht haben, umsonst waren.«

Eine andere häufig anzutreffende Reaktion auf ein Fehlverhalten ist, sich selbst zu streng zu beurteilen. Gedanken wie »Ich bin so ein Schwächling«, »Was für ein Idiot ich doch bin« oder »Ich bin total unfähig« können dadurch, daß Sie sich selbst zur Verantwortung ziehen, Ihre Gefühle der

Schuld und Scham mildern. Außerdem kommen Sie auf diese Weise anderen zuvor: Wenn Sie sich selbst stark genug kritisieren, kann das, was die anderen sagen, nicht mehr so schlimm sein. Wenn andere Ihre Selbstbeschuldigungen mitbekommen, ist es sogar möglich, daß sie mit ihrer Kritik zurückhalten und statt dessen versuchen, Sie zu trösten.

Doch Selbstgeißelung ist letzten Endes selbstschädigend. Es ist wichtig, zu unterscheiden zwischen dem Selbsthaß und dem Haß auf etwas, was Sie getan haben. Der Satz »Dies beweist, daß ich ein totaler Versager bin« führt zu Verzweiflung und Verlust an Selbstvertrauen, während »Ich mag es nicht, wenn ich mich so verhalte« zu Weisheit und der Entschlossenheit führen kann, sich zu ändern.

Manche falsch verstandenen Lehren kommen einem Leugnen gleich. Ich habe erlebt, daß Menschen, die bei Ehebrüchen ertappt wurden, nach den sich daraus ergebenden bitteren Auseinandersetzungen den Schluß zogen: »Ich hätte mich nicht erwischen lassen dürfen.« Solch eine egozentrische Reaktion führt zu Vertuschungsmanövern statt zu persönlicher Reife. Diese Menschen haben nicht die richtige Lehre aus ihrer Verfehlung gezogen, die darin bestanden hätte, sich den Eheproblemen zu stellen, die zu der Affäre geführt haben.

Opfer von Mißbrauch reagieren meistens entgegengesetzt. Ich kenne mißhandelte Frauen, die nach jeder Gewaltanwendung sagen: »Er hat es nicht so gemeint. Ich muß lernen, ihn nicht zu provozieren.« Das ist die falsche Lehre, die sie aus ihrer Situation ziehen. Die richtige Lehre lautet: Ich verdiene eine solche Behandlung nicht; ich muß mich dagegen wehren. Die Welt bricht nicht zusammen, wenn ich meinen Ehemann verlasse.

Es ist falsch, seine Fehler zu leugnen, und es ist falsch, nicht aus ihnen zu lernen.

Hilfreiche Einsicht

Wir lernen immer aus unseren Fehlern, manchmal aber nicht das Richtige.

In Aktion treten

Wenn Sie einen Fehler machen, fassen Sie in den nächsten 48 Stunden keinen unwiderruflichen Entschluß. Es ist schrecklich, etwas vermasselt zu haben, und in unserem Bemühen, es schnell wiedergutzumachen, greifen wir nach jedem Strohhalm, der unsere Qual lindert, statt erst unsere Motive und Handlungen einer Überprüfung zu unterziehen. Die 48-Stunden-Regel gibt uns eine Gnadenfrist, in der wir herausfinden können, welche Lehre aus unserem Fehlverhalten zu ziehen ist.

Fragen Sie sich, ob Sie die richtige Lehre umgehen, weil

- Sie eine sofortige Erleichterung suchen.
- Sie der Wahrheit nicht ins Auge blicken können.
- Sie sich verändern müßten.
- Sie jemand anderem die Schuld geben müssen.

Verabscheuen Sie den Fehler, den Sie gemacht haben, aber verabscheuen Sie nicht sich selbst.
Denken Sie an ähnliche Situationen in der Vergangenheit. Haben Sie damals den gleichen Fehler gemacht? Wenn nicht, was haben Sie anders gemacht? Wenn ja, was haben Sie sich zu tun vorgenommen, wenn sich Ihnen die Situation noch einmal stellen würde? Diese Erinnerungen können Ihnen helfen, die richtigen Lehren zu ziehen.

16 Versuchen, andere zu ändern

> Wenn wir eine Situation nicht ändern können, müssen wir uns selbst ändern.
>
> *Victor Frankl*

Kürzlich stellte ich den vier Paaren einer Therapiegruppe folgende Frage: »Wer von Ihnen glaubt, Ihre Beziehung würde sich verbessern, wenn sich Ihr Partner ändert?« Ohne zu zögern, hoben sich acht Hände. Meine nächste Frage lautete: »Wer glaubt, sich selbst ändern zu müssen?« Nach einigem Zögern hob jeder die Hand – nicht aus Überzeugung, sondern weil sie wußten, daß es von ihnen erwartet wurde.
Partnerbeziehungen gelangen oft an einen Punkt, an dem beide glauben, daß sich etwas ändern muß, aber jeder meint, diese Veränderung müßte vom anderen ausgehen. In der Zeit, in der Sie versuchen, diese Veränderung zu erzwingen, oder darauf warten, daß sie von allein kommt, sind Sie nicht bereit, den anderen so zu akzeptieren, wie er ist. Dies ist selbstschädigend, weil es gewöhnlich statt Kooperation Widerstand oder sogar Rebellion hervorruft. Keiner von beiden ändert sich, und die Beziehung wird obendrein durch Groll und Bitterkeit vergiftet. Vielleicht der häufigste Grund für eine Scheidung ist, daß ein Partner nicht zu der Person wird, von der der andere geträumt hat.
Besser als den anderen erst zu akzeptieren, wenn er sich geändert hat, ist, den anderen zu akzeptieren, wie er ist, in der Hoffnung, daß er sich ändert.
Natürlich sind gewisse Verhaltensweisen unerträglich und

nicht akzeptabel. Sollte dies in Ihrem Fall so sein, haben Sie ein ernsthaftes Problem. Sie dürfen dabei nicht unterschätzen, wie schwierig – und leidvoll – es sein kann, wenn Sie versuchen, jemanden zu ändern, der Eigenschaften hat, die Sie einfach nicht verstehen können.

Abgesehen von solchen Fällen, ist es jedoch die beste Strategie, zuerst den anderen zu akzeptieren, wie er ist, und zu hoffen, daß er sich später ändert. Das heißt nun aber nicht, daß Sie über die Sache, die Sie bekümmert, nicht sprechen dürfen. Sie sollten dabei nur diplomatischer vorgehen. Das Bekenntnis »Ich liebe dich, aber dies bedrückt mich, und ich hoffe so sehr, daß man daran etwas ändern kann« wird eine positivere Reaktion hervorrufen als die Drohung »Wenn du dich nicht änderst, dann ...«. Wahrscheinlich ist der andere über die Charakterzüge, an denen Sie Anstoß nehmen, auch nicht glücklich; Ihre Akzeptanz könnte dem anderen die nötige Selbstsicherheit geben, eine Veränderung in Angriff zu nehmen.

Dem Problem, den anderen nicht so annehmen zu können, wie er ist, begegnet man auch oft zwischen Eltern und Kindern. Ein Beispiel dafür sind Gail, eine alleinerziehende Mutter, und ihre Tochter Marcy. Gail wollte ihre Tochter zu einer selbständigen Frau erziehen, aber Marcy besaß nur wenig Ehrgeiz und noch weniger Disziplin. In ihrem Eifer, der Tochter die gewünschten Eigenschaften beizubringen, nahm Gail zu Schimpfen und Strafen Zuflucht. Damit hatte sie kurzfristig zwar Erfolg, aber es dauerte nicht lange, bis Marcy von neuem aufbegehrte. Sie war bereit, ihre eigene Zukunft zu gefährden, nur um zu beweisen, daß sie eine eigenständige Person war. »Können Sie Marcy so akzeptieren, wie sie ist?« fragte ich Gail. »Wenn Sie es nicht können, wird sie aus der Sackgasse nicht mehr herausfinden, und Sie bringen sich um die Freuden der Mutterschaft.«

Es kostete Gail viel Mühe, ihre Tochter so anzunehmen, wie sie war, doch ihre Anstrengungen wurden belohnt. Marcy wollte sich eigentlich anders benehmen, aber sie konnte es erst, als sie sicher war, daß es sich um ihren eigenen Entschluß handelte und nicht einfach nur um einen Weg, die Anerkennung ihrer Mutter zu gewinnen.
Wenn Sie darauf warten, daß Menschen sich verändern, kann Sie das zum Wahnsinn treiben. Wenn Sie selbst versuchen, sie zu verändern, werden Sie sie zum Wahnsinn treiben. Nur wenn Sie sie akeptieren, wie sie sind, und ihnen sagen, daß Sie auf eine Änderung hoffen, sind diese möglicherweise bereit, ein anderes Verhalten an den Tag zu legen.

Hilfreiche Einsicht

Versuchen Sie nicht, andere zu ändern. Akzeptieren Sie sie so, wie sie sind, und hoffen Sie, daß sie sich ändern werden.

In Aktion treten

Wenn Sie sich das nächste Mal über eine Ihnen nahestehende Person ärgern, stellen Sie sich folgende Frage: »Wenn sie sich nie ändern wird, kann ich damit leben? Werde ich sie trotzdem weiter lieben können?« Lautet die Antwort ja, sollten Sie Ihre Erwartungen herunterschrauben und sich weiterhin an der Beziehung erfreuen.
Statt sich als hilfloses Opfer zu fühlen, fassen Sie ganz bewußt den Entschluß, sie so sein zu lassen, wie sie ist.
Zählen Sie ihre guten und schlechten Eigenschaften auf.
Bemühen Sie sich, ihre guten Eigenschaften zu würdigen.
Versuchen Sie Ihr *Verlangen* nach einer Änderung in die *Hoff-*

nung auf eine Änderung umzuwandeln. Ihr Wohlbefinden sollte nicht von der Veränderung einer anderen Person abhängen.
Seien Sie stolz auf Ihren Entschluß, großmütig statt verbittert zu sein.
Wenn Sie der anderen Person sagen, daß Sie auf ihre Veränderung hoffen, bieten Sie einen Ausgleich an, indem Sie sie fragen: »Hoffst auch du, daß ich mich in irgendeiner Form verändere?« Wenn Sie sich auf die gleiche Ebene stellen, geben Sie ihr einen größeren Anreiz, sich zu bemühen.

17 Rebellieren um des Rebellierens willen

> Dieses erstaunliche Aufbegehren vor Schildern, auf denen »Betreten verboten« steht.
>
> *Carl Sandburg*

> Es ist besser, für etwas als gegen etwas zu kämpfen.
>
> *Anonym*

Vor kurzem traf ich auf einer Psychiatrietagung einen Mann, den ich vom College her kannte. Ich erinnerte mich an Ted als einen begabten Studenten, der wie seine Eltern Psychotherapeut werden wollte. Zu meiner Überraschung erfuhr ich, daß er nicht als Therapeut, sondern in der Verwaltung eines psychiatrischen Krankenhauses tätig war. Es bereitete ihm offensichtlich Unbehagen, mir dies mitzuteilen.

Ted brach sein Studium ab, als er sich bewußt wurde, daß er das Fach nur gewählt hatte, um seinen Eltern gefällig zu sein. Er wurde zum Rebell, weil er zeigen wollte, daß er sein Leben selbst bestimmen konnte. Leider wurde er auch ein Rebell ohne Perspektive. Er arbeitete in einer Buchhandlung, versuchte erfolglos, sich als Schriftsteller zu profilieren, und eröffnete danach eine kleine Bäckerei in einem Universitätsstädtchen. Für einige Jahre gefiel es ihm, ein einfaches Leben zu führen. Doch als er älter wurde und eine Familie gründete, wuchs seine Unzufriedenheit im selben Maße wie sein Bauchumfang. Er langweilte sich, und es befriedigte ihn nicht mehr, gerade so über die Runden zu

kommen. Durch Familienbeziehungen erhielt er einen Bürojob in der Psychiatrie.
Zwar hatte er eine angesehene und gut dotierte Stelle, trotzdem fühlte er sich unausgefüllt. »Ich kann mich nur begeistern, wenn ich mit Therapeuten über wirkliche Fälle spreche«, erzählte er mir. »Ich halte mich mit Fachliteratur auf dem laufenden, und manchmal habe ich bessere Ideen als diese Psychiater, aber niemand nimmt mich ernst.«
Ohne Zweifel bedauerte Ted seine in der Vergangenheit getroffenen Entscheidungen. »Wahrscheinlich habe ich meine Berufung verpaßt. Ich wäre ein verdammt guter Psychiater geworden.«
Ted hatte gegen seine Eltern rebelliert, die ihn drängten, Psychotherapeut zu werden. Innerlich wütete es in ihm: »Sagt mir nicht, was ich zu tun habe!«, und im Laufe der Zeit konnte er seine eigene Stimme, die ihm sagte, was richtig für ihn sei, nicht mehr hören.
Kinder, die gedrängt werden, eine bestimmte Art von Leben zu führen, fragen sich oft verwirrt: »Tue ich das für mich oder für meine Eltern? Ist dies das, was ich wirklich will, oder passe ich mich lediglich ihren Plänen an?« Sie sehen ihren freien Willen gefährdet, und es ist ihnen dann weniger wichtig, das zu tun, was richtig für sie ist, als ihre Unabhängigkeit zu behaupten. Und auch das Resultat ihrer Wahl ist ihnen weniger wichtig als die Gewißheit, selbst die Wahl getroffen zu haben. Manchmal führt dieser Wille zur Unabhängigkeit tatsächlich auch zu einem authentischeren Leben. Doch wenn das, was von ihnen erwartet wird, im Einklang steht mit dem, was sie sind und was sie wollen, kann es sein, daß sie am Ende gegen sich selbst rebellieren.
Diese Form des selbstschädigenden Verhaltens findet man nicht nur bei Kindern, die gegen ihre Eltern rebellieren. Ich habe zahllose Ehemänner und -frauen erlebt, die ständig

gegen den Ehepartner aufbegehrten, den sie als dominierend empfanden. Ich habe Geschäftspartner erlebt – besonders Geschwister in Familienbetrieben –, die zum Nachteil des Unternehmens gegeneinander rebellierten. Das Problem ist nicht, daß der Rebellierende nicht tun möchte, um was man ihn bittet, sondern daß er nicht dazu gezwungen werden will. Zu etwas gezwungen zu werden nimmt uns unsere Selbstachtung und unsere Würde. Wir fühlen uns wie unmündige Kinder.

Wir müssen das Gefühl haben, selbst unser Handeln zu bestimmen und nicht nur jemand anderen zufriedenstellen zu wollen. Doch wenn Sie dabei sind, die Wünsche von jemand anderem zurückzuweisen, vergewissern Sie sich, ob Sie nicht gleichzeitig Ihre eigenen zurückweisen. Fragen Sie sich, ob Sie eine klare und wünschenswerte Alternative haben. Hätte Ted beispielsweise eine starke Leidenschaft fürs Schreiben empfunden oder davon geträumt, eine eigene Bäckerei zu besitzen, wäre es wahrscheinlich kein Fehler gewesen, die Universität zu verlassen.

Was den Umgang mit fordernden Ehepartnern oder Kollegen angeht, sollten Sie, statt automatisch zu rebellieren oder grollend einverstanden zu sein, sich fragen, ob der geäußerte Wunsch berechtigt und angemessen ist. Wenn ja, entscheiden Sie sich, ihn zu erfüllen. Wenn nein, sagen Sie entweder nein, oder machen Sie dem anderen klar, daß Sie ihm den Gefallen tun werden, dafür aber eine Gegenleistung erwarten. Erklären Sie dem anderen in einem geeigneten Augenblick, daß Sie, wenn Ihnen etwas befohlen wird, es nicht aus eigenem freien Willen tun können. So sagte eine meiner Patientinnen zu ihrem Ehemann: »Ich bin erwachsen, und ich möchte nichts aus Angst tun oder weil ich eingeschüchtert wurde.«

Manchmal ist es gut und sogar mutig aufzubegehren, doch

die Genugtuung darüber hält nur kurze Zeit an, wenn Sie Ihren eigenen Interessen zuwiderhandeln, nur um sich selbst zu behaupten.

Hilfreiche Einsicht

Sie werden sich nicht dagegen sträuben, etwas zu tun, wenn Sie den Entschluß dazu gefaßt haben.

In Aktion treten

Wenn andere auf Sie Druck ausüben, fragen Sie sich, ob dies gerechtfertigt und angemessen ist.
Überlegen Sie sich in Ruhe, ob es für Sie sinnvoll ist, das zu tun, wozu Sie gedrängt werden.
Fragen Sie sich: »Wenn die anderen ihre Meinung ändern oder über Nacht aus meinem Leben verschwinden würden, wäre ich dann immer noch bereit, das, was sie ursprünglich von mir verlangt haben, zu tun?« So zu denken wird Ihnen anfänglich vielleicht schwerfallen, aber wenn Sie öfter solche Überlegungen anstellen, werden mit der Zeit Ihre innersten Wünsche zum Vorschein kommen.
Wenn Ihre eigenen Ambitionen sich mit den Erwartungen der anderen decken, stellen Sie sich vor, daß Sie diese Alternative aus eigenem Entschluß wählen. Dies gibt Ihnen das Gefühl, nicht von anderen manipuliert zu werden; Ihre Selbstachtung bleibt auf diese Weise erhalten.

18 Reden, obwohl keiner zuhört

> Reden ist wie Harfespielen; es ist genauso wichtig, die Hände auf die Saiten zu legen, um ihre Vibration zu stoppen, wie die Saiten zu zupfen, um sie zum Erklingen zu bringen.
>
> *Oliver Wendell Holmes*

Bei einem Seminar hinterließ der Unterschied zwischen zwei Rednern einen bleibenden Eindruck. Dr. Bernhardt war ein Mann, der seine Zuhörer in seinen Bann zu schlagen wußte und Begeisterung weckte, während Dr. Smith, eine zurückhaltende, ruhige Frau, nicht sehr inspirierend wirkte. Zuerst schwärmten die Teilnehmer von dem faszinierenden Bernhardt und spotteten über die langweilige Smith, doch am Ende zog letztere die Gruppe auf ihre Seite. Sie beachtete ihre Zuhörer, nahm ihre Fragen ernst und hörte ihnen zu, wenn sie etwas zu sagen hatten. Für Dr. Bernhardt dienten sie mehr oder weniger nur als Staffage für seinen routinierten Auftritt.
Vielleicht der bemerkenswerteste Unterschied zwischen den beiden war jedoch folgender: Dr. Bernhardt überzog jedesmal seine Zeit und schien es übelzunehmen, wenn die Teilnehmer unruhig wurden. Dr. Smith zeigte mehr Einfühlungsvermögen. Beim ersten Zeichen von Unruhe schlug sie vor, eine Pause einzulegen. Sie überforderte ihre Zuhörer nie.
Warum reden wir weiter, wenn die anderen genug gehört

haben? Wenn wir es unbedingt brauchen, daß man uns zuhört, läßt sich unser Redefluß üblicherweise in drei Phasen unterteilen: In der ersten bemühen wir uns, eine Information weiterzugeben oder unseren Standpunkt klarzumachen. Nachdem dies geschehen ist, kommen andere Bedürfnisse ins Spiel. So wollen wir in der zweiten Phase hauptsächlich unsere eigene Anspannung abbauen. Wir quasseln weiter, um uns besser zu fühlen, wir wiederholen das, was wir bereits gesagt haben, oder kommen auf etwas zu sprechen, was nichts mit der Sache zu tun hat. In der dritten Phase schneiden wir irgendein Thema an, das uns die Aufmerksamkeit des Zuhörers zu erhalten verspricht, nur um nicht allein gelassen zu werden. Mit einem Wort, die Motivation verlagert sich von dem Bedürfnis, etwas mitzuteilen, über das Bedürfnis, Anspannung abzubauen, zu dem Bedürfnis, die Kontrolle zu bewahren.

Der Zuhörer, der in Phase zwei und drei hineingezogen wird, steht vor dem Problem, sich aus der Situation zu befreien, ohne unhöflich zu sein. Gelingt ihm dies nicht, hat er das ärgerliche Gefühl, seine Zeit zu vergeuden. Für den übereifrigen Redner ist der zu zahlende Preis jedoch noch höher – er verliert an Respekt und möglicherweise sogar seine Freunde.

Sind wir gestreßt oder erregt, baut sich Spannung auf, wenn wir unsere Gefühle und Gedanken für uns behalten. Für viele von uns ist das Gefühl, diese Spannung abzubauen, so schön, daß wir unser gutes Benehmen vergessen. Wir gehen vom Dialog zum Monolog über, lassen einen Schwall von Worten auf den anderen niederprasseln, sind unfähig, uns zu bremsen, bevor wir lästig oder unhöflich werden.

> Gepriesen sei der Mann, der, wenn er nichts zu sagen hat, davon absieht, von dieser Tatsache wortreich Zeugnis abzulegen.
>
> *George Eliot*

Wenn Sie zu dieser Gewohnheit neigen, versuchen Sie ein Bewußtsein für die Phasen Ihres Gesprächs zu entwickeln, damit Sie die Bremse ziehen können, bevor Sie in das ärgerliche zweite oder das unverschämte dritte Stadium übergehen. Beachten Sie die Körpersprache des anderen. Beginnt er herumzuzappeln, auf seine Uhr zu schielen oder seine Augen herumwandern zu lassen, sucht er wahrscheinlich einen Weg, Sie zum Schweigen zu bringen, ohne unhöflich zu sein. Ihr erster Impuls wird wahrscheinlich sein, seine Aufmerksamkeit unbedingt aufrechtzuerhalten. Es ist jedoch selbstschädigend, die Aufmerksamkeit von jemandem erzwingen zu wollen, indem man ihn zu seiner Geisel macht.

Sie müssen sich entscheiden, ob Ihr ungebremster Redefluß seinen Preis wert ist. Und worin besteht dieser Preis? Der andere wird wahrscheinlich versuchen, Sie zum Schweigen zu bringen, indem er irgendwelche Ausflüchte vorbringt, um Sie zu unterbrechen. Am Ende kann es sein, daß Sie sich peinlich berührt fühlen oder töricht vorkommen. Wenn Sie sich häufig so verhalten, werden Sie feststellen, daß die anderen Sie ignorieren, »vergessen« Sie zurückzurufen, und Sie von geselligen Zusammenkünften ausschließen.

Lernen Sie sich zu beherrschen, es sei denn, Ihr Bedürfnis nach einer sofortigen Erleichterung ist größer als Ihr Bedürfnis nach Freunden. Denken Sie daran, man wird es schätzen und anerkennen, wenn Sie andere nicht drängen, Ihnen weiter zuzuhören. Wenn Sie andere benutzen, um Ihre Spannungen abzubauen (Phase zwei), oder wenn Sie versuchen, Ihre Aufmerksamkeit zu erzwingen (Phase drei), können Sie sich vielleicht im Moment an ihnen festhalten, verlieren sie aber in der Zukunft.

Hilfreiche Einsicht

Hören Sie auf zu reden, wenn die anderen Ihnen nicht mehr zuhören.

In Aktion treten

Wenn Sie wissen wollen, ob Sie zu lange reden, achten Sie auf die Körpersprache des anderen.
Bemerken Sie Anzeichen von Unruhe, fragen Sie sich, was Ihnen lieber ist: die Frustration, nicht zu Ende reden zu können, oder die Demütigung, zu reden, wenn Ihnen nicht mehr zugehört wird.
Hören Sie möglichst frühzeitig auf.
Beziehen Sie den anderen in das Gespräch mit ein. Sie werden das Interesse wachhalten, statt Langeweile hervorzurufen, wenn Sie Ihren Monolog in einen Dialog verwandeln.

19 Vortäuschen, sich gut zu fühlen

> Wage aufrichtig zu sein; eine Lüge führt zu nichts. Aus einem Fehler können dann leicht zwei werden.
>
> *George Herbert*

John, dreiundvierzig Jahre alt und Leiter einer Eisenwarenhandlung, erzählte mir von dem bevorstehenden Besuch seiner auswärts wohnenden Eltern. Ich erkundigte mich, ob er sich darauf freue.

»Es wird schon gutgehen«, meinte er, worauf ich ihm zur Antwort gab: »Das hört sich nicht sehr überzeugend an.«

»Sie streiten dauernd und kritisieren alles, was ich tue. Aber sie gehen beide auf die Achtzig zu, und ich muß wahrscheinlich froh sein, daß sie noch leben.«

Als ich John drängte, mir zu sagen, was er wirklich empfand, gab er zu, daß er die Besuche seiner Eltern entsetzlich fand. »Es macht mich fix und fertig. Keiner fühlt sich wohl dabei, auch nicht meine Eltern.«

John pflegte sich bei diesen Gelegenheiten in ein verdrossenes Stillschweigen zurückzuziehen. Auf die Nachfrage seiner Eltern: »Fehlt dir etwas?« antwortete er dann: »Nein, nein, es geht mir gut.« Meistens konnte er sich nicht einmal selbst eingestehen, daß etwas nicht stimmte.

Diese Art von Verleugnung ist weit verbreitet. Sie befürchten, daß Ihr Ärger oder Ihr Schmerz, wenn Sie ihn sich eingestehen, an Macht gewinnt und möglicherweise über das Tolerierbare hinauswächst. Dabei ist es meist umgekehrt: Wenn Sie sich ein Gefühl eingestehen, wird Spannung abgebaut, und Sie fühlen sich dann eher besser als schlechter. Vielleicht fürchten Sie auch, nicht »Ich fühle mich schlecht« sagen zu können, ohne jemanden zu beschuldigen. Sie müssen dann die Situation zur Sprache bringen oder sind vielleicht sogar gezwungen, etwas zu unternehmen, und diese Aussicht kann furchterregend sein. Überlegungen drängen sich auf: »Was ist, wenn ich nicht fähig bin, die Dinge zu ändern?« – »Was ist, wenn ich ein Risiko eingehen muß?« Es ist viel einfacher, all dies zu umgehen, indem man von vornherein nicht zugibt, sich schlecht zu fühlen.

Wie ich John gesagt habe, muß man wissen, daß okay sein nicht gleichbedeutend ist mit sich immer okay fühlen. Es bedeutet eher, entsprechende Gefühle zu empfinden, ohne dies zu leugnen oder zu verdrängen. Seelisch gesunde Menschen stehen zu ihren Gefühlen: Wenn sie wütend sind, empfinden sie Wut; wenn sie traurig sind, empfinden sie Traurigkeit. Sich Gefühle einzugestehen ist der erste Schritt, der gemacht werden muß, um sich besser zu fühlen.

Es ist außerdem wichtig zu wissen, daß das Eingeständnis schlechter Gefühle nicht heißt, etwas dagegen tun zu müssen. Es ist tatsächlich so, daß dieses Eingeständnis das Bedürfnis, etwas dagegen zu tun, schmälert. Es unterdrückt den Impuls, plötzlich und überstürzt zu handeln und dadurch die Sache möglicherweise zu verschlimmern.

Ich schlug John vor, kurz vor dem Besuch seiner Eltern sich selbst einzugestehen: »Ich fühle mich schlecht, und ich bedauere das.« Er schien etwas verwirrt zu sein, versprach aber, es zu versuchen. Als ich ihn das nächste Mal sah, meinte er: »Sobald ich mir sagte ›Ich fühle mich schlecht, und ich bedauere das‹, ging es mir besser.« Er konnte seine Eltern ertragen, ohne sich verdrossen zurückzuziehen, und er explodierte auch nicht, wenn sie ihn ärgerten.

Nachdem Sie sich selbst eingestanden haben, daß es Ihnen

nicht gutgeht, sollten Sie es auch gegenüber anderen tun. Wenn Sie Ihren Kummer verheimlichen, kann es sein, daß Sie genau die Menschen, die Ihnen helfen könnten, meiden oder anlügen. Durch Verheimlichen entziehen Sie sich nicht nur der Hilfe anderer, Sie setzen auch einen Teufelskreis in Gang: Sie sind mißmutig und abwehrend; die Menschen um Sie herum sind irritiert; Sie fühlen sich noch schlechter, weil Sie nicht verstehen können, daß jemand verärgert über Sie ist, da Sie sich doch so schlecht fühlen.
Glauben Sie mir: Das vorübergehende Mißbehagen beim Eingeständnis, daß Sie sich schlecht fühlen, ist den Folgen einer Verdrängung vorzuziehen.

Hilfreiche Einsicht

Sie müssen sich eingestehen, daß Sie sich schlecht fühlen, bevor Sie sich besser fühlen können.

In Aktion treten

Wenn Sie sich das nächste Mal schlecht fühlen, gestehen Sie es sich ein. Dies wirkt bereits beruhigend und verhindert überstürzte Reaktionen.
Geben Sie Ihrem Gefühl einen Namen. So ist es weniger bedrohlich und besser zu bewältigen.
Benennen Sie es möglichst genau: »Ich bin verärgert« ist gut für den Anfang, aber »Ich fühle mich entmutigt« oder »Ich bin verzweifelt« trifft die Sache möglicherweise besser.
Wenn Sie sich entschließen, jemand anderem mitzuteilen, daß Sie sich schlecht fühlen, sagen Sie genau, wie schlecht. Sagen Sie zum Beispiel: »Ich fühle mich so schlecht, daß ich

am liebsten ...« Solche Beispiele machen Ihren Gefühlszustand verständlicher. Man hört Ihnen dann besser zu und zeigt wahrscheinlich das Einfühlungsvermögen, das Sie brauchen.

20 Zwangsvorstellungen und zwanghaftes Verhalten

Ein seltsamer Zwang packte mich mit eiserner Faust, ähnlich dem, der Frauen nötigt, mitten in der Nacht das Haus zu putzen.

James Thurber

Du mußt etwas nicht tun, nur weil du glaubst, es tun zu müssen.

Anonym

Wenn wir uns unter Druck gesetzt fühlen, sind wir manchmal so verunsichert, daß wir glauben, jeden Moment die Kontrolle zu verlieren. Um ein Unglück zu vermeiden, lenkt unser Geist unsere Aufmerksamkeit in eine andere Richtung. Wir konzentrieren uns auf Dinge, die uns kontrollierbar erscheinen. Wird diese Schutzmaßnahme zu weit getrieben, kann es zu Zwangsvorstellungen und zwanghaften Handlungen kommen. Diese entwickeln dann ein Eigenleben und führen zu einem noch stärkeren Gefühl der Ohnmacht.

Eine Zwangsvorstellung ist der unbewußte Versuch, ein dominierendes Gefühl in einen Gedankengang umzuwandeln. Wir spielen dieses Denkmuster immer wieder durch, um uns abzulenken, bis das Unbehagen verflogen ist. Doch die Wirkung ähnelt eher dem Waten im Wasser, das heißt, man verbraucht viel Kraft, ohne wirklich vorwärtszukommen.

Zwangsvorstellungen werden mit der Zeit immer stärker. Wenn sie eine gewisse Größenordnung erreicht haben, geht die mentale Energie vom Denken ins Verhalten über. Das

Ergebnis nennen wir ein zwanghaftes Verhalten. Ein Beispiel: Ein Kind verläuft sich in einem Kaufhaus. Sein Entsetzen, sich plötzlich allein und ungeschützt vorzufinden, ist so groß, daß es sein Denken auf seine Schuhe fixiert, um so, bis zur Wiederkehr der Mutter, die Angst von sich fernzuhalten. Erreicht die Zwangsvorstellung den Punkt, an dem das Kind handeln muß, beginnt es zwanghaft, seine Schuhe zu reiben.

Viele von uns kennen die vielen Erwachsenenversionen dieses Verhaltensmusters: Jemand, der sich als Versager fühlt, hat die Zwangsvorstellung, schnell reich zu werden, was zu einem zwanghaften Spielverhalten führt; jemand, der sich häßlich vorkommt, hat eine Zwangsvorstellung vom Aussehen seines Heims, was zu zwanghaften Verschönerungsaktionen führt; jemand, der sich innerlich leer fühlt, hat die Zwangsvorstellung, sich ausfüllen zu müssen, und entwickelt ein zwanghaftes Eßverhalten.

Sie können Zwangsvorstellungen oder zwanghaftes Verhalten durchbrechen, wenn Sie sich dem Schmerz oder der Angst stellen, die die Ursachen sind. Je länger Sie den Ursachen ausweichen, desto hilfloser fühlen Sie sich und desto stärker werden die Zwangsvorstellungen und das zwanghafte Verhalten. Aus diesem Dilemma kommmen Sie am besten heraus, wenn Sie den Prozeß in umgekehrter Reihenfolge zurückverfolgen. Unterlassen Sie als erstes Ihr zwanghaftes Verhalten, wie ständiges Händewaschen, Putzen der Wohnung usw. Dies mag nicht einfach sein und kann zu Angst- und Unruhezuständen führen, wie sie beim Entzug eines Süchtigen auftreten, denn ein zwanghaftes Verhalten ist in gewisser Hinsicht die Sucht, auf eine gestörte Art und Weise Dinge zu meistern.

Wenn Sie aufhören, sich zwanghaft zu verhalten, werden Sie zu dem zurückkehren, was vorausgegangen ist, nämlich der

Zwangsvorstellung. Da nicht länger ein Ventil im Verhalten vorhanden ist, wird sie eskalieren und zu einem Punkt gelangen, an dem Sie gezwungen sind, den Gefühlen nachzuspüren, die den Prozeß ursprünglich in Gang gesetzt haben. Besitzen Sie nun den Mut, den Dingen ihren Lauf zu lassen, werden Sie wahrscheinlich den Schmerz und die Angst, die Sie zu vermeiden suchten, erkennen.

Sehen wir uns zwei Beispiele aus meiner Praxis an: Die Zwangsvorstellungen von Joe, einem Ingenieur in der Raumfahrtindustrie, drehten sich um die Daten, die er in seinem Computer gespeichert hatte. Er wähnte sie in Gefahr, von einem Virus zerstört zu werden. Um dem entgegenzuwirken, gab er zwanghaft Anti-Viren-Programme ein und schuf komplizierte Sicherungssysteme, um seine Daten zu schützen. Es kam so weit, daß er mehr Zeit aufwand, seinen Computer zu schützen, als seine eigentliche Arbeit zu verrichten. Auf mein Drängen hin versprach er, seinen Feldzug am nächsten Morgen zu beenden. Er löste sein Versprechen ein, aber der Gedanke an eine Bedrohung durch einen Virus ließ ihn nicht los. Am Ende seines Arbeitstages kam er zu mir. Ich half ihm seine wirklichen Ängste zu entdecken. In seiner Firma drohten Entlassungen, und er befürchtete, seinen Job zu verlieren. Außerdem hatte er schreckliche Angst, das Schicksal seines Vaters könnte sich bei ihm wiederholen; dieser mußte in eine Nervenheilanstalt eingeliefert werden, nachdem ihm seine langjährige Arbeitsstelle gekündigt worden war. Nun, da er sich seiner wirklichen Ängste bewußt war, konnte er sich so verhalten, daß sein Wert für die Firma wuchs, statt seinen Arbeitsplatz durch sinnlose Zwangsvorstellungen und sinnloses zwanghaftes Verhalten zu gefährden.

Irene war eine alleinerziehende Mutter, die Überstunden machte, um ihren Kindern ein gutes Leben bieten zu können. An den Wochenenden organisierte sie zwanghaft irgendwelche gemeinschaftlichen Unternehmungen, als Kompensation für ihre Abwesenheit unter der Woche. Nun rebellierten die Kinder dagegen, ständig dem Zwang unterworfen zu sein, sich zu vergnügen. Ich überredete Irene, für das kommende Wochenende nichts zu planen. Doch je näher der Freitag rückte, desto unruhiger wurde sie, bis sie ihrem eigentlichen Problem nicht mehr ausweichen konnte: Sie fürchtete – wie ihre eigene Mutter – zu keiner emotionalen Nähe fähig zu sein. Das Eingeständnis dieser Ängste machte es möglich, ihre Kinder weniger zu gängeln und sich dafür sonst mehr auf sie einzulassen.

Es ist nicht einfach, sich von Zwangsvorstellungen und dem sie begleitenden zwanghaften Verhalten zu befreien, besonders wenn das Verhaltensmuster tief verwurzelt ist. Aber Sie können und müssen es tun, wenn Sie Ihr Leben bestimmen und nicht vor ihm fliehen wollen.

Hilfreiche Einsicht

Zwangsvorstellungen und zwanghaftes Verhalten können Ihnen helfen, Schmerz oder Ängste zu verdrängen, aber sie helfen Ihnen nicht, darüber hinwegzukommen.

In Aktion treten

Werden Sie sich Ihrer Zwangsvorstellungen bewußt, indem Sie alle Gedanken, die Sie ständig beschäftigen und die zu keiner konstruktiven Handlung führen, aufschreiben.

Werden Sie sich Ihres zwanghaften Verhaltens bewußt, indem Sie ein sich wiederholendes Verhalten aufschreiben,

das Ihnen eine momentane Erleichterung verschafft, für das Sie sich aber später schuldig fühlen oder das Ihnen zusätzliche Probleme bereitet.
Versprechen Sie sich, diesen Gedanken oder Verhaltensweisen energisch entgegenzutreten, wenn sie wieder von Ihnen Besitz ergreifen.
Wenn Sie es nicht allein schaffen, Ihr zwanghaftes Verhalten einzustellen, dann suchen Sie die Hilfe eines Therapeuten, eines Seelsorgers oder Freundes. Eine Vertrauensperson, die Sie unterstützt, kann in dieser Phase unerläßlich sein.
Wenn Sie sich dabei ertappen, wieder in Ihr altes Verhaltensmuster zurückzufallen, sagen Sie sich: »Ich habe vergessen, daß ich so etwas nicht mehr machen will.« Es ist eine einfache Erinnerung daran, daß Sie sich selbst versprochen haben, nicht mehr in dieses selbstschädigende Verhalten zurückzufallen.
Wenn Sie das zwanghafte Verhalten einstellen, wird die Anspannung zunehmen. Nehmen Sie Ihre körperlichen und seelischen Empfindungen wahr. Fragen Sie sich: »Was fühle ich, und wo fühle ich es?«
Nachdem Sie die Empfindungen erkannt haben, vervollständigen Sie folgende Sätze:
»Wenn ich mich so fühle, möchte ich am liebsten ...« – »Wenn ich mich so verhalte, muß ich mit den Konsequenzen rechne ...« – »Besser wäre es, wenn ich jetzt ...«
Belohnen Sie sich jedesmal, wenn Sie einer Zwangsvorstellung oder einem zwanghaften Verhalten nicht nachgeben. Mit der Zeit wird das Gefühl, nicht länger in der Gewalt von Zwangsvorstellungen und zwanghaftem Verhalten zu sein, als Belohnung genügen.

Anmerkung: Die Zwangsvorstellungen und das zwanghafte Verhalten, von denen wir hier sprechen, dürfen nicht mit einer Zwangsneurose verwechselt werden, einer ernsthaften seelischen Erkrankung, die meist medikamentös behandelt werden muß.

21 Die Dinge zu persönlich nehmen

Wenn Menschen dich grob behandeln, ist dies kein Angriff auf deine Person, sondern auf die Personen, mit denen sie davor zu tun hatten.
F. Scott Fitzgerald

Es gibt tatsächliche Beleidigungen – und eingebildete Beleidigungen.
Izaak Walton

»Gebt jetzt endlich Ruhe!« Maureen, eine dreiundvierzigjährige Anwältin für Arbeitsrecht, langte mit ihrem Arm auf den Rücksitz und packte das nächstbeste Handgelenk. Das Auto geriet auf die andere Fahrbahn und kollidierte um Haaresbreite mit einem entgegenkommenden Lastwagen. Ihr Zornausbruch brachte die Kinder zwar tatsächlich zum Schweigen, kostete ihnen aber auch fast das Leben.

Maureen war so bestürzt über den Vorfall, daß sie sich in meinem Büro mit Vorwürfen überschüttete. »Sehen Sie mich an«, schrie sie, »die tolle Anwältin, die sich gegen Gewerkschaften zu behaupten weiß, aber ihre eigenen Kinder nicht zur Ruhe bringen kann, ohne sie umzubringen.« Als ich mich erkundigte, wie sie sich verhält, wenn gegnerische Anwälte sie attackieren, sagte sie: »Ich nehme es nicht persönlich. Wenn ich es an mich heranließe, könnte ich nicht mehr klar denken.«

Das war eine perfekte Antwort. Maureen war sich bewußt, daß sie im Auto reagiert hatte, als ob die Kinder mit ihrem schlechten Verhalten einzig und allein sie ärgern wollten. Sie hatte es als persönlichen Affront aufgefaßt, während die Kinder sich lediglich abreagieren mußten, nachdem sie den ganzen Tag im Klassenzimmer gesessen hatten. Ich schlug ihr vor, die Sache zwar ernst, aber nicht persönlich zu nehmen, falls sich die Situation wiederholen sollte.

Etwas persönlich zu nehmen heißt anzunehmen, daß eine bestimmte Bemerkung oder Handlung in der Absicht gemacht wurde, einem weh zu tun. So deuten Sie vielleicht eine gutgemeinte Korrektur als Kritik, eine Meinungsverschiedenheit als Herabsetzung oder eine harmlose Bemerkung über eine dritte Person als eine auf Sie abzielende Beleidigung. Erwähnt zum Beispiel die Frau eines um seine Anerkennung ringenden Schriftstellers den Erstlingserfolg eines seiner Kollegen, reagiert ihr Mann tief beleidigt. Er hatte das Gefühl, seine Frau wolle ihm mit der Bemerkung zu verstehen geben, daß er ein Versager sei. Dabei wollte sie nur ausdrücken, ihr Mann, der genausoviel Talent besitzt, würde einen solchen Durchbruch ebenfalls verdienen.

Es kann eine Beziehung zerstören, wenn die eigentlichen Absichten des anderen nicht erkannt werden. Statt überlegt und angemessen zu antworten, reagieren Sie lediglich, gehen entweder zum Angriff über oder ziehen sich in die Defensive zurück, schmollen oder werden aggressiv. Solche Reaktionen machen nicht nur den legitimen Beweggrund für Ihr Verhalten unklar, sie vergiften auch die Reaktion des anderen auf Ihr legitimes Anliegen. Wenn Sie dann erkennen, was geschehen ist, tut es Ihnen leid.

Auch im Berufsleben ist es nicht gut, die Dinge zu persönlich zu nehmen. Sehen Sie sich den Fall von Joanna an, Gründerin und Besitzerin einer Firma für medizinischen Bedarf. Als sie bei einer wichtigen Besprechung ihr Verkaufsteam mit einem neuen Produkt bekannt machte, gähnte Tim, einer der Verkäufer, ganz offen. Joanna, die Tim eingestellt und gefördert hatte, empfand sein Gähnen als einen Schlag ins Gesicht, eine öffentliche Demonstration von Respektlosigkeit. Sie kündigte ihm auf der Stelle. Tim ließ sich dies nicht gefallen und reichte Klage wegen widerrechtlicher Kündigung ein. Erst als der Schaden angerichtet war, besann sich Joanna auf die Qualitäten von Tim. Er war einer ihrer fleißigsten Verkäufer gewesen, hatte viele Überstunden gemacht, und sein Gähnen war mehr auf Erschöpfung denn auf Respektlosigkeit zurückzuführen. Es ehrt Joanna, daß sie sich für ihren Irrtum entschuldigte und Tim wieder einen Platz in ihrer Firma anbot.

Sie können, wenn Sie Dinge persönlich nehmen, mit Wut oder mit Abwendung reagieren. Nicht wenige Männer haben mir gesagt, daß sie sich von ihrer Frau getrennt haben, weil ihr Benehmen sie so wütend machte, daß sie befürchteten, gewalttätig zu werden. Andere wiederum sind so entsetzt über ihre Verärgerung, daß sie sich abwenden und der Person, die ihnen eigentlich am nächsten steht, ihre Liebe und Aufmerksamkeit entziehen. Tragischerweise ist in vielen dieser Fälle der Zorn durch Handlungen hervorgerufen worden, die man nie persönlich hätte nehmen sollen. Wenn Sie lernen, die Dinge zwar ernst, aber nicht persönlich zu nehmen, klingt Ihr Ärger ab, und Sie können denen, über die Sie sich geärgert haben, wieder Zuneigung entgegenbringen.

Hilfreiche Einsicht

Nehmen Sie Dinge nicht persönlich; es genügt, wenn Sie sie ernst nehmen.

In Aktion treten

Wenn jemand etwas tut, was Sie ärgert, fragen Sie sich, ob Sie etwas getan haben, was dieses Verhalten rechtfertigt.
Müssen Sie mit Ja antworten, sollten sie sich dafür entschuldigen und versprechen, sich zu bemühen, es nicht zu wiederholen.
Taten Sie nichts, was das Verhalten des anderen rechtfertigt, fragen Sie sich, ob er sich bei anderen genauso verhält. Wenn ja, sollten Sie es nicht persönlich nehmen.
Folgende drei Möglichkeiten stehen Ihnen offen: Versuchen Sie, nicht so empfindlich zu sein; geben Sie auf, und beenden Sie die Beziehung; sagen Sie dem anderen, wie sein Verhalten auf Sie wirkt, in der Hoffnung, daß er es daraufhin einstellt.
Sagen Sie sich, daß das nicht heißt, die andere Wange hinzuhalten, wenn Sie die Dinge nicht persönlich nehmen. Es heißt vielmehr, »aus dem Kopf und nicht aus der Hüfte zu schießen«.

22 Zu fordernd sein

Der Mensch braucht die Götter.
Homer

Jeder braucht den anderen. Doch wenn wir rücksichtslos und unersättlich in unseren Forderungen an die anderen sind und diese das Gefühl haben, mißbraucht zu werden, muß unser Verhalten als selbstschädigend betrachtet werden.
Die anderen glauben dann, daß Sie versuchen, mehr zu bekommen, als Ihnen zusteht, oder mehr, als Sie zurückgeben können. Dabei ärgert sie weniger das Fordern von realen Gefälligkeiten oder materieller Hilfe – obgleich dies auch dazugehören kann – als vielmehr das emotionale Fordern.

Wer auf die Tafel anderer angewiesen ist, ißt oft spät zu Abend.
John Ray

Wenn emotionales Fordern Ihr Wesen bestimmt, erwarten Sie von anderen, daß sie Sie bestätigen und in Ihrem Wert bestärken. Dies ist jedoch mehr verlangt, als die meisten Menschen zu geben imstande sind. Sie werden sich früher oder später von Ihnen abwenden, sobald etwas, was sie einst freiwillig gaben, zu einer Verpflichtung zu werden droht. Verstimmung kommt auf, und sie beginnen sich vor dem Kontakt mit Ihnen zu fürchten.
Einige der forderndsten Menschen verhalten sich jedoch genau gegensätzlich. Sie versuchen ihre Forderungen unter Kontrolle zu halten und möchten gerne als bedürfnislos

durchgehen. Stolz tun sie so, als ob sie nichts brauchten. Deshalb wirken sie oft arrogant oder herablassend. Wir ärgern uns auch, weil sie uns das Gefühl geben, entbehrlich zu sein und uns schämen zu müssen, weil wir Bedürfnisse haben. Es ist schwer, eine Beziehung zu solch bedürfnislosen Menschen aufrechtzuerhalten, weil sie uns die Möglichkeit verweigern zu geben. Und die meisten von uns messen, zumindest teilweise, ihren Nutzen an ihrer Fähigkeit, anderen etwas von Wert zu geben.

Eine andere Methode, als bedürfnislos zu gelten, ist, wie ein Märtyrer zu handeln. Falsche Märtyer bringen Sie zur Raserei, denn wenn Sie ihnen etwas geben, vermitteln sie Ihnen das Gefühl, etwas falsch gemacht zu haben. Doch dann, wenn sie Sie gerade überzeugt haben, daß sie nichts brauchen, konfrontieren sie Sie mit einer großen Forderung. Kommen Sie ihr nicht nach, sind sie gekränkt und erinnern Sie an alles, was sie je für Sie getan haben. Versuchen Sie sich aber dafür erkenntlich zu zeigen, werden Sie mit einem »Ich wünsche mir von dir keine Gefälligkeiten« abgespeist. Mit der Zeit hat man diese Unberechenbarkeit satt und überlegt sich nicht mehr, was der Märtyrer nun wirklich braucht.

Forderndes Verhalten entsteht häufig, wenn die Unsicherheit der Kindheit sich auswächst zu der Angst der Erwachsenen, nicht auf eigenen Füßen stehen zu können. Die anderen werden dann als die Helfer in der Not gesehen. Dabei sollten Unsicherheit und Ängste als etwas akzeptiert werden, mit denen umzugehen wir alle lernen müssen.

In der Regel besteht das Problem jedoch nicht darin, fordernd zu sein, sondern sich fordernd oder unselbständig zu geben. Manche von uns scheinen viel unselbständiger zu sein, als sie eigentlich sind. Wenn Sie das Gefühl haben, dies treffe auch auf Sie zu, versuchen Sie statt dessen, wie ich es nenne, »bedürfnisvoll« zu sein. Das Maß an Bedürfnis, das

Menschen zeigen, die dieser Bezeichnung entsprechen, ist annehmbar. Die anderen helfen ihnen gerne, weil das, was sie wollen, angemessen ist. Nach Erfüllung ihres Verlangens zeigen sie Dankbarkeit und die Bereitschaft, eine Gegenleistung zu vollbringen. Haben sie das, was sie möchten, nicht bekommen, arrangieren sie sich und machen den anderen keine Vorwürfe.

Die »Bedürfnisvollen« äußern Wünsche; die Fordernden erheben Forderungen. Die Bedürfnisvollen verlassen sich auf andere, die Fordernden sind abhängig von anderen. Die Bedürfnisvollen sind aufrichtig dankbar, die Fordernden benutzen Dankbarkeit als ein Mittel, den anderen in eine nächste Runde des Gebens zu lotsen. Wenn Sie sich fordernd verhalten, sehen die anderen Sie als Nehmenden – und es fällt schwer, einem Nehmenden etwas zu geben. Doch wenn Sie sich bedürfnisvoll verhalten, sehen die anderen Sie eher als einen Menschen, der sich nach dem ausstreckt, was er verdient, und weniger als einen, der nach allem greift, was er zu fassen bekommt. Sie werden Ihnen höchstwahrscheinlich das geben, was Sie brauchen.

Hilfreiche Einsicht

Fordernd zu sein führt zu Groll. Bedürfnislos zu sein führt zu Frustration. Bedürfnisvoll zu sein führt zu Hilfe.

In Aktion treten

Wenn Sie zu fordernd sind, werden die anderen Ihnen anfänglich geben, was Sie wollen, sich aber bald über Sie ärgern.

Wenn Sie sich bedürfnislos geben, werden die anderen Ihnen nichts geben können und sich deshalb frustriert fühlen.

Lernen Sie, klar zu sagen, was Sie von den anderen möchten, aber lassen Sie es nicht wie eine Forderung klingen.

Achten Sie darauf, daß die anderen wissen, daß Sie bereit sind, eine Gegenleistung zu erbringen, und daß es in Ordnung ist, wenn Sie von ihnen gebraucht werden.

Zeigen Sie aufrichtige Dankbarkeit, wenn Sie bekommen, was Sie brauchen.

Seien Sie darauf vorbereitet, eine abschlägige Antwort zu erhalten, und nehmen Sie dies nicht zum Anlaß, verärgert oder beleidigt zu sein.

23 Unrealistische Erwartungen hegen

> Liebe fördert Illusionen; um realistisch zu sein, braucht es Nüchternheit.
>
> *Simone Weil*

Maxine kam zu mir mit der Bitte, ihr bei der Versöhnung mit ihrem Exehemann behilflich zu sein. Sie nannte mir einige gute Gründe, warum das erneute Zusammenleben harmonischer verlaufen werde als der erste Versuch, der ein Alptraum gewesen sein mußte. Sie wußte, welche Fehler gemacht worden waren, und konnte genau sagen, was sie und ihr Exehemann tun müßten, um glücklicher miteinander zu werden. Ich habe vielen Exeheleuten geholfen, wieder zusammenzukommen, deshalb dachte ich, daß sie die Versöhnung vernünftig anginge. Erst als ich sie über die Haltung ihres Exehemanns ausfragte, wurde mir klar, welchen Illusionen sie sich hingab. Ihr ehemaliger Partner war bereits wieder verheiratet und hatte mit seiner neuen Frau zwei Kinder.

Maxine machte aus etwas, was sie wollte, etwas, was sie unbedingt haben mußte, und hielt dann an dieser Idee fest, selbst als ihr Ziel zu einem Hirngespinst geworden war. Sie setzte sich nicht nur der Gefahr aus, am Boden zerstört zurückzubleiben, sondern ließ es auch zu, daß ihre Phantasie Zeit und Energie in Anspruch nahm, die sie besser genutzt hätte, um ihr Leben neu zu gestalten oder eine realistische Beziehung einzugehen.

Nach meiner Erfahrung sind die meisten unserer Erwartungen einleuchtend, aber leider nicht immer realistisch. Es ist einleuchtend, in den mittleren Lebensjahren einen neuen Berufsweg einschlagen zu wollen, aber es ist nicht realistisch zu erwarten, daß es leicht und von sofortigem Erfolg gekrönt sein wird. Es ist einleuchtend zu erwarten, daß ein Freund Ihre Gefühle versteht, aber es ist vielleicht unrealistisch anzunehmen, daß er Ihnen eine Lösung Ihrer Probleme anbieten kann.

Menschen, die sich gewohnheitsmäßig unrealistische Ziele stecken, lassen ihr Wunschdenken über ihren gesunden Menschenverstand siegen. Bei ihnen muß etwas, was sie wollen, auch unbedingt zu erreichen sein. Sie lieben es, mit großem Einsatz zu spielen, ohne jedoch einen Buchmacher zu haben, der ihnen sagt, wie ihre Gewinnchancen stehen. Sie schätzen nicht realistisch ein, ob sie das Talent, die Mittel und das Können besitzen, ihre Träume Wahrheit werden zu lassen, und sie erkennen kaum, ob die Umstände günstig sind oder nicht. Und was alles noch verschlimmert: Sie sind sich meist so sicher über den Ausgang ihres Unternehmens, daß sie es unterlassen, Ausweichpläne vorzubereiten oder sich emotional auf eine Niederlage einzustellen. Das Ergebnis ist, daß sie nicht einfach nur Rückschläge erleiden, sondern vollkommen zusammenbrechen und wieder dort ankommen, wo sie begonnen haben – oder noch tiefer. Und jede Niederlage erhöht ihr Bedürfnis nach rascher Rehabilitation, wodurch sie zu neuen Wagnissen verleitet werden.

Natürlich ist es schön, ein großer Denker zu sein, wenn man gleichzeitig auch ein Handelnder ist. Handelnde und Visionäre unterscheiden sich von unrealistischen Träumern dadurch, daß sie Freude am Verfolgen ihrer Ziele und nicht nur am Ergebnis haben, daß sie wissen, wie sie sich nach einem Mißerfolg wieder fangen können, und daß sie ihre Chancen richtig einschätzen und auf mögliche Niederlagen vorbereitet sind. Ich kenne einen Geschäftsmann, der viele riskante Unternehmungen erfolgreich abgeschlossen hat. Er läßt sich ständig auf Wagnisse ein, macht sich dabei jedoch keine Illusionen über seine Chancen und sichert sich finanziell und auch emotional so ab, daß ein Mißerfolg ihn nicht untröstlich macht.

Wenn Sie sich auf riskante Unternehmungen einlassen, sollten Sie nicht nur über die Mittel verfügen, die ein positives Ergebnis möglich machen, sondern sich auch sicher sein, daß ein Mißerfolg Sie nicht umwerfen wird. Wenn Sie etwas haben möchten und es nicht bekommen, sind Sie enttäuscht. Wenn Sie etwas haben müssen und es nicht bekommen, sind Sie deprimiert. Wenn Sie etwas unbedingt haben müssen und es nicht bekommen, sind Sie am Boden zerstört.

Ich ermutige meine Patienten, einschätzen zu lernen, wie realistisch ihre Ziele sind, und ihre Erwartungen dem anzupassen. Wenn Ihr Ziel unrealistisch ist, verfolgen Sie es nicht mit einer »Ich muß das unbedingt haben«-Haltung. Es ist besser, sich zu sagen, ich hätte das gerne. Dies trifft vor allem auch auf Beziehungen zu. Da andere Menschen nie vollständig vorhersehbar sind, ist es besser, in Ihren Erwartungen Wünsche zu sehen.

Wenn Sie ein Wagnis wie eine sichere Sache behandeln, werden sie am Ende enttäuscht sein. Doch wenn Sie ein Wagnis wie ein Wagnis und eine sichere Sache wie eine sichere Sache betrachten, wird Ihr Leben voraussichtlich zufriedenstellender verlaufen.

Hilfreiche Einsicht

Nur weil etwas opportun ist, muß es noch lange nicht realistisch sein.

In Aktion treten

Wenn Sie das nächste Mal etwas möchten, fragen Sie sich, wie groß die Chancen sind, es auch zu bekommen.
Schreiben Sie auf, was alles nötig ist, um Ihr Ziel zu erreichen.
Werfen Sie einen objektiven Blick auf sich selbst, und schätzen Sie Ihre Fähigkeiten ein, das Erwünschte zu erreichen.
Bewerten Sie Ihr Ziel auf einer Skala von 1 bis 10, wobei 1 »vollkommen unrealistisch« und 10 »eine sichere Sache« bedeutet. Je niedriger die Bewertung, desto wichtiger ist es, einen funktionierenden Plan zu haben.
Stellen Sie Ihre Erwartungshaltung auf »Ich möchte es haben«, »Ich will es haben« oder »Ich muß es unbedingt haben« ein, je nachdem, wie realistisch Ihr Ziel ist.
Versuchen Sie bei einer riskanten Unternehmung nicht »Ich muß das unbedingt haben« zu denken, es sei denn, Sie ziehen eine Niederlage ins Kalkül mit ein.

24 Versuchen, es allen recht zu machen

Es ist leichter, Versäumnisse wiedergutzumachen, als zu lieben.
Hl. Hieronymus

Ich kenne den Schlüssel zum Erfolg nicht, aber der Schlüssel zum Mißerfolg ist, es jedem recht machen zu wollen.
Bill Cosby

Immer wenn ich mich überfordert fühle, denke ich an den Straßenkünstler in Venice, Kalifornien, der mit Kettensägen jongliert. Ich bewundere die Intensität, mit der er sich auf jedes dieser mörderischen Instrumente konzentriert, wenn er es in der Luft zu fassen bekommt. Die geringste Ablenkung, und er könnte leicht einen Arm verlieren.
Wie dieser Jongleur muß auch ich mich genau auf jede Rolle konzentrieren, die ich spiele – die Rolle des Ehemannes, Vaters, Sohnes, Bruders, Therapeuten, Freundes, Lehrers. Nur in einer Hinsicht ist meine Aufgabe schwerer: Der Straßenkünstler jongliert mit Kettensägen, ich mit Menschen. Weil alle meine Rollen wichtig sind und die mir zur Verfügung stehende Zeit begrenzt ist, muß ich aufpassen, daß sich von den mir wichtigen Menschen keiner vernachlässigt fühlt.
Es ist selbstschädigend, wenn ein vielbeschäftigter Mensch versucht, den Bedürfnissen aller gerecht zu werden, weil er am Ende niemandem – die eigene Person eingeschlossen – gerecht wird. Man riskiert nicht nur, sich selbst vollkommen

zu verausgaben, sondern auch die Mißbilligung und den Zorn derer auf sich zu ziehen, die erwarten, daß man für sie da ist.

> Die Amerikaner denken nicht viel nach; sie sind zu beschäftigt, um innezuhalten und ihre Werte in Frage zu stellen.
>
> *William Ralph*

Die Lösung des Problems besteht darin, dem Menschen, mit dem Sie gerade zusammen sind, das Gefühl zu geben, wichtig zu sein. Von der großen Zahl vielbeschäftigter Menschen, die ich kenne, meistern diejenigen diese Jonglierkunst am besten, die jeder Tätigkeit und jeder Person ihre ungeteilte Aufmerksamkeit widmen. Im Büro sind sie ganz in ihre Arbeit vertieft; zu Hause ist das Büro abgehakt, und sie konzentrieren sich völlig auf ihre Rolle als Ehepartner und Elternteil. Wenn sie mit ihrer Mutter, ihrem Chef oder einem Wirtschaftsprüfer zusammen sind, versetzen sie sich in die Rolle des erwachsenen Kindes, des Angestellten oder des Kunden. Sie sind wach und aufmerksam, und meistens hat keiner das Gefühl, nicht wichtig genommen zu werden.

Ich sage »meistens«, weil es immer Zeiten im Leben einer vielbeschäftigten Person gibt, in der seine Lieben glauben, zu kurz zu kommen. In einem solchen Fall rate ich, den anderen zu sagen: »Als meine Frau bist du mir die wichtigste; als meine Kinder seid ihr mir die wichtigsten. Mein Beruf ist mir sehr wichtig, und ich bin mir selbst sehr wichtig. Wenn ihr das Gefühl habt, nicht genügend Aufmerksamkeit zu bekommen, bin ich nachlässig gewesen. Es tut mir leid, aber ihr müßt verstehen, daß mir jeder Aspekt meines Lebens wichtig ist.«

Sie müssen jedoch mehr tun, als Erklärungen abzugeben. Nur durch Ihr Tun können Sie zeigen, wie wichtig Ihnen jemand ist. Haben Sie zum Beispiel Versprechen nicht eingehalten, können noch so viele tröstliche Worte Ihr Kind oder Ihren Partner nicht zufriedenstellen. Etwas zu tun heißt aber nicht nur, auf Wünsche einzugehen, sondern echtes Interesse zu zeigen, denn nur so fühlen sich die anderen wichtig genommen. Es ist gut, wenn Sie sich bereit erklären, zum Fußballspiel Ihres Kindes zu kommen, noch besser ist es jedoch, wenn Sie von sich aus sagen: »Du hast ein wichtiges Spiel vor dir; ich kann es kaum erwarten, bis es soweit ist.«

Wenn Sie den anderen das Gefühl geben, wichtig zu sein, empfinden sie es nicht so stark, daß Sie ihnen zuwenig Zeit widmen. Aber denken Sie daran: Verteilen Sie Ihre knappe Zeit nicht so gleichmäßig, daß jeder das Gefühl hat, benachteiligt zu sein. Manche Menschen sind wichtiger als andere, lassen Sie sie das wissen. Aber auch Sie sind wichtig, und Sie brauchen sich nicht schuldig zu fühlen, wenn Sie auch an sich denken. Solange jeder sich ehrlich bemüht, fair zu sein, sollten Sie und die Menschen in Ihrem Leben einander manches nachsehen. So, wie unsere Gesellschaft strukturiert ist, steht der Zeitaufwand, den wir einigen Dingen widmen, oft in keinem Verhältnis zum Wert, den wir ihnen beimessen.

Mit Menschen zu jonglieren mag weniger gefährlich sein als mit Kettensägen, aber es enthält auch Risiken. Wenn Sie nachlässig werden, verlieren Sie zwar keinen Arm, aber möglicherweise eine Person, die Ihnen viel bedeutet. Nur wenn Sie den Menschen das Gefühl geben, wichtig zu sein, werden sie Ihnen erhalten bleiben, und Sie brauchen nicht zu befürchten, daß Ihnen die Dinge über den Kopf wachsen.

Hilfreiche Einsicht

Wieviel Zeit wir dem anderen widmen, ist nicht ausschlaggebend, ausschlaggebend ist, ihm das Gefühl zu vermitteln, wichtig zu sein.

In Aktion treten

Zeigen Sie dem anderen, daß er Ihnen wichtig ist, indem Sie ihn nicht unterbrechen und auch nicht zur Eile drängen, wenn er von seinen Sorgen, Ängsten und Enttäuschungen spricht.
Indem Sie sich an ihm interessiert zeigen. »Hattest du einen guten Tag?« vermittelt nicht viel Interesse, während die Frage: »Wie ist diese Besprechung gelaufen?« zeigt, daß Sie an Ereignissen im Leben des anderen Anteil nehmen.
Indem Sie ihm Respekt zollen und Vertrauen in seine Fähigkeit haben, Probleme zu meistern. Statt gleich mit Ihren Ratschlägen zu kommen, ist es besser zu fragen: »Was wirst du als nächstes tun?« Oder: »Wann wirst du ihnen deine Entscheidung mitteilen?«

25 Sich weigern, »Spiele zu spielen«

> Der große Richter wird einst beurteilen, wie du beim Spiel mitgemacht hast, und nicht, ob du gewonnen oder verloren hast.
>
> *Grantland Rice*

> Im Spiel hast du die Wahl zwischen zwei schönen Dingen – das eine ist gewinnen, das andere verlieren.
>
> *Lord Byron*

Meine Patienten beklagen sich oft, daß Liebespartner, Familienangehörige und Geschäftspartner »Spiele spielen«. Manchmal wehren sie sich mitzuspielen, weil sie legitime moralische Einwände haben oder sich manipuliert fühlen. Doch meist ziehen sie sich aus weniger zwingenden Gründen zurück und bringen sich so um den Lohn des Spiels. Sie machen sich selbst vor, »über« so etwas zu stehen oder sich nichts aus dem Ziel des Spiels zu machen. Aber eigentlich sind sie bekümmert, weil sie unfähig sind, das Spiel zu spielen, obwohl sie es gerne täten.

Sagt mir jemand: »Ich hasse es, Spiele zu spielen«, kann ich fast immer davon ausgehen, daß er kein guter Spieler ist. Ein Beispiel dafür ist Beth, Vertreterin in der chemischen Industrie. Obwohl fähig und sehr ehrgeizig, war sie auf der Erfolgsleiter nie so weit gekommen, wie sie eigentlich wollte. Über ihre Kollegen und Kolleginnen, die diese Höhen erklommen haben, urteilte sie abfällig: »Die machen alle Spielchen mit, scharwenzeln und schmeicheln und gehen zu

den richtigen Partys. Wenn ich so verlogen wäre wie die, würde ich jetzt auch da sein, wo sie sind.«
Beth tat so, als ob sie über alldem stünde, dabei kann sie in Wahrheit einfach nicht mithalten. Sie hatte sich als Chemikerin wegen der Verdienstmöglichkeiten für den Verkauf entschieden, dann aber herausgefunden, daß es ihr an Wissen fehlte. Im Umgang mit Menschen war sie ungeschickt, man fühlte sich in ihrer Gegenwart nicht wohl. Aber statt sich eine liebenswürdigere Art anzueigenen, die ihr beim Verkauf zu Hilfe gekommen wäre, legte sie sich ein selbstgerechtes Auftreten zu, das die anderen noch mehr abschreckte.

> Das Leben ist ein Spiel, das wir zu spielen haben.
>
> *Edwin Arlington Robinson*

Manche Spiele sind es wirklich nicht wert, gespielt zu werden. Darunter fallen diejenigen, deren Ziel es ist, anderen weh zu tun, oder die von den Spielern verlangen, falsch, hinterhältig oder unbarmherzig zu sein, oder deren Strafe beim Verlieren zu hoch ist. Die Teilnahme an solchen Spielen kostet Sie in der Regel Selbstrespekt oder Ihren guten Ruf. Sie verlieren nicht nur Freunde und Ansehen, sie laufen auch Gefahr, paranoid zu werden – Sie sagen sich, wenn Sie andere täuschen, können diese dasselbe mit Ihnen tun. Und Ihr schlechtes Gewissen wird eines Tages nach Wiedergutmachung verlangen.
Doch manche Spiele sind nicht nur harmlos, sondern bereichern auch unser Leben; statt kalt und unbarmherzig zu sein, drücken sie Einfühlsamkeit aus. Vielleicht das beste Beispiel ist das Spiel, das Iris und Henry McCarver in ihrer fünfundfünfzigjährigen Ehe gespielt haben. Henry lag im Sterben.

In seinem Krankenhausbett war er an einen Morphiumtropf angeschlossen, der seine Schmerzen linderte. Iris wich nicht von seiner Seite. Bei einer Gelegenheit strich sie ihrem Mann zärtlich über die Hand und flüsterte: »Ich muß dir etwas beichten. In all den Jahren war ich ganz verrückt nach dir. Ich habe dich immer begehrt, aber ich spielte die schwer zu Erobernde, weil ich wußte, wie sehr du es liebtest, den Eroberer zu spielen.«
Henry nahm all seine Kraft zusammen, lächelte und sagte: »Das war eines der Dinge, warum ich dich geliebt habe.«
Selbst jene, die immer für Ehrlichkeit um jeden Preis plädieren, müssen zugeben, daß es sich hier um ein liebenswertes Spielchen handelte.
Am Ende ist es unwichtig, ob Sie gewinnen oder verlieren, was zählt, ist nur, ob das Spiel es wert war, gespielt zu werden. Spiele, die auf Kosten anderer gehen, fordern meistens ihren Tribut. Gute Spiele nutzen Gelegenheiten aus, aber nicht Menschen; sie haben klare und faire Regeln, und keiner muß dabei verlieren, damit ein anderer gewinnen kann.

Hilfreiche Einsicht

Der beste Schutz gegen »Spiele spielen« ist, das Spiel gut zu spielen.

In Aktion treten

Wenn Sie bemerken, daß Sie ein Spiel nicht spielen wollen, finden Sie den Grund heraus. Wollen Sie es nicht spielen, oder wissen Sie nicht, wie es zu spielen ist?

Wenn Sie nicht spielen wollen, fragen Sie sich, warum. Befriedigt Sie Ihre Antwort, ist es in Ordnung, wenn Sie bei dem Spiel nicht mitmachen.
Wenn Sie sich zu spielen entschließen, finden Sie heraus, was Sie tun müssen, um das Spiel gut zu spielen.
Lernen Sie die Regeln. Bei Spielen werden die Regeln oft nicht ausgesprochen. Sie haben schon halb gewonnen, wenn Sie die Regeln erraten.
Sie sollten Ihre Fähigkeiten richtig einschätzen. Haben Sie das, was nötig ist, um das Spiel gut zu spielen?
Finden Sie heraus, wer die anderen Spieler sind. Wer sind Ihre Gegner, wer Ihre Verbündeten? Wem können Sie vertrauen?
Lernen Sie, Haltung zu bewahren. Viele Spiele wurden verloren, weil ein Spieler die Nerven verlor, sobald er sich auf unbekanntem Terrain befand. Um einen klaren Kopf zu bewahren, sollten Sie eine Pause zur rechten Zeit einlegen.
Seien Sie sich Ihrer Grenzen bewußt. Gibt es bei einem Spiel Aspekte, bei denen Ihre Würde verletzt werden könnte und Sie aufgeben müßten?

26 Theater spielen, um einen guten Eindruck zu hinterlassen

> Dies über alles: sei dir selber treu.
> Und daraus folgt, so wie die Nacht
> dem Tage, du kannst nicht falsch
> sein gegen irgendwen.
>
> *Shakespeare*

»Es sieht so aus, als ob ich wieder in so eine Beziehung hineingeschlittert bin, in der ich ihn liebe und mich hasse«, erzählte Carol in einem Anflug von Verzweiflung.

Nach einer Reihe gescheiterter Beziehungen war Carol zum Glück noch nicht ihr Humor abhanden gekommen. Sie, der man als Kind beigebracht hatte, zurückhaltend und fügsam zu sein, machte nach ihrer Scheidung von einem herrschsüchtigen, egoistischen Mann die Entdeckung, daß sie immer wieder auf den gleichen Typ Mann hereinfiel. »Sie waren nur daran interessiert, wieviel Interesse ich für sie aufbringen konnte.« Nun, im Alter von vierunddreißig Jahren, war die erfolgreiche Fotografin entschlossen, einen Mann zu finden, der nicht nur nehmen, sondern auch geben konnte.

Kürzlich hatte sie einen Mann kennengelernt, der ihr gefiel. Bei ihrem ersten Rendezvous mußte sie allerdings feststellen, daß sie wieder in die altbekannte Rolle verfiel. Paul sprach hauptsächlich von sich und entschied allein, wie sie den Abend verbringen sollten. Carol hielt sich zurück, sprach nicht über ihre Arbeit, hatte keine eigene Meinung und fügte sich in alles, was Paul vorschlug.

Wir betrügen uns selbst, wenn wir anderen etwas vormachen.
George Meredith

Wie Carol sind wir alle bestrebt, uns am Anfang einer Bekanntschaft in ein gutes Licht zu rücken. Weil wir einen guten Eindruck machen wollen, achten wir auf unser Benehmen, verbergen unsere Fehler und Schwächen und hüten uns, dem anderen zu nahe zu treten. Männer versuchen gerne, den Eindruck von Tüchtigkeit und Kompetenz zu erwecken, und verheimlichen, wie anspruchsvoll oder tyrannisch sie sein können. Vielleicht bemühen sie sich auch, sich als sensibel darzustellen, aber nur wenige zeigen tatsächlich ihre Verwundbarkeit. Denn würden sie dies tun, käme dies dem Eingeständnis gleich, verletzbar zu sein, und das ist in ihren Augen gleichbedeutend mit Schwäche. Frauen wiederum neigen dazu, ihre Stärken und ihr Können herunterzuspielen, um Männer nicht einzuschüchtern. Sie wollen auch keinen fordernden oder unsicheren Eindruck machen, weil sie wissen, daß diese Eigenschaften Männer abstoßen können. So wie Carol bemühen sie sich, aufmerksam und liebenswürdig zu sein.

Doch in jeder Beziehung kommt die Zeit, in der die Partner ihr wahres Gesicht zeigen. Verborgene Fehler, Bedürfnisse und Unvollkommenheiten treten langsam ans Tageslicht, und je länger sie unter Verschluß gehalten wurden, desto stärker ist der Schock und desto größer der Schaden für die Beziehung.

Das Problem wird oft noch durch eine andere Form der Unwahrhaftigkeit verschlimmert: Das stumme Durchgehenlassen des verletzenden oder unsensiblen Verhaltens des anderen. Wir fürchten, den anderen zu verlieren, wenn wir ihn zur Rede stellen. Doch wenn wir es versäumen, unser Mißfal-

len zu äußern, können die unerwünschten Charakerzüge zur Gewohnheit werden. Unser Groll wird dann immer größer und entlädt sich irgendwann explosionsartig. Dann wirken wir nicht nur fordernd, sondern auch aggressiv und intolerant.
Wie ich auch Carol gesagt habe, sollten Sie in einer Beziehung möglichst frühzeitig Ihr wahres Wesen zeigen. Sonst verliebt sich der andere in eine Person, die Sie nicht sind, und das führt unweigerlich zu Ärger. Liebe baut auf Vertrauen auf. Wenn Sie es nicht wagen, dem anderen Ihr wahres Ich zu zeigen, wird es zu keiner engen, vertrauensvollen Beziehung kommen. Außerdem wirkt jemand, der eine Lüge lebt, meist schwach. Im Falle von Carol verloren die Männer, denen sie so sehr gefallen wollte, unweigerlich den Respekt vor ihr – und ihr erging es ebenso.
»Im Moment liebt Paul das Gefühl, das du ihm gibst«, sagte ich Carol. »Aber du fühlst dich besser, wenn er dich liebt, wie du wirklich bist.« Ich drängte sie, Paul auf irgendeine Weise zu zeigen, daß sie nicht die aufopfernde Frau sei, die einen egoistischen Mann toleriere. Sollte er damit nicht zurechtkommen, wäre er ohnehin der falsche Mann für sie.

> Die wichtigste Vereinbarung, die wir
> mit unserem Gefährten schließen
> können, lautet: »Laß uns immer
> aufrichtig zueinander sein.«
>
> *Ralph Waldo Emerson*

Wie Carol die Sache in die Hand nahm, hat ihr meine bleibende Bewunderung eingetragen. Als die beiden das nächste Mal gemeinsam zu Abend aßen und Paul wieder ununterbrochen von sich sprach, sah sie ihn mit einem rätselhaften Lächeln an. Verwirrt erkundigte er sich: »Was denkst du gerade?«

»Ich habe mir gerade überlegt, ob du ein Dummkopf bist. Wir können dann immer noch Freunde sein. Ich möchte es nur von Anfang an wissen.«

Paul war selbstsicher genug, dies mit einem Lachen zu quittieren. »Ich glaube, ich habe nur mich selbst im Kopf, wenn ich auf jemanden einen guten Eindruck machen will«, meinte er darauf.

»Das macht nichts«, gab Carol erleichtert zurück. »Ich kann auch ziemlich ekelhaft sein.«

Carols ungewöhnliches Vorgehen zeigte, daß sie eine selbstsichere Frau ist, die mit einem Egoisten nicht glücklich werden kann. Es flößte Paul Bewunderung und auch Respekt ein. Als nächstes sagte er ihr: »Das ist ein guter Anfang. Ich möchte gerne alles über dich wissen.« Ihre Ehrlichkeit bewirkte auch noch, daß Paul sich entspannen und sein wahres Ich zeigen konnte.

> Wahrheit ist etwas so Seltenes, und
> sie zu erzählen ist wunderschön.
>
> *Emily Dickinson*

Wenn Sie das nächste Mal feststellen, daß Sie Ihr wahres Wesen nicht zeigen, fragen Sie sich, warum Sie sich mit jemandem abgeben wollen, dem das gefällt, was Sie nicht sind. Doch bevor Sie sich in Ihrem wahren Glanze zeigen, sollten Sie wissen, daß Sie den anderen auch verschrecken können, wenn Sie von sich zuviel zu früh preisgeben. Eine meiner Patientinnen erzählte attraktiven Männern, die sie gerade kennengelernt hatte, sofort ihr gesamtes Leben und erklärte ihnen im Detail, was sie von einer Beziehung erwartete. Die Männer hatten das Gefühl, statt bei einem Rendezvous bei einem Vorstellungsgespräch zu sein. Andererseits, wenn Sie zu lange warten, baut sich Spannung auf, und wenn Sie dann endlich aufhören, Theater zu spielen, wird der andere wahrscheinlich verärgert sein. Mark Twain hatte sicherlich recht, als er sagte: »Sage im Zweifelsfalle die Wahrheit.« Aber ich bin sicher, daß er mir zustimmen würde, wenn ich sage, daß beim Erzählen der Wahrheit der richtige Zeitpunkt von großer Bedeutung ist.

Hilfreiche Einsicht

Geben Sie sich so, wie Sie sind.

In Aktion treten

Zeigen Sie in einer Beziehung von Anfang an Ihr wahres Ich. Warum sollten Sie mit jemandem zusammensein wollen, der Sie nicht so mag, wie Sie sind?
Seien Sie ehrlich, aber nicht schonungslos ehrlich. Äußern Sie Ihre Bedürfnisse, Wünsche oder Enttäuschungen als einen Ausdruck Ihrer Gefühle, nicht als Forderung oder Ultimatum. Zum Beispiel: »Es frustriert mich, wenn du sagst, wir müssen miteinander reden, und mich dann unterbrichst, wenn ich etwas sage, was dir nicht paßt.«
Wenn Sie Ihre Sorgen mitteilen, legen Sie es nicht darauf an, daß der andere Mitleid mit Ihnen empfindet oder sich für die Lösung Ihrer Probleme verantwortlich fühlt.
Wenn Sie über Dinge reden, auf die Sie stolz sind, tun Sie es ohne Arroganz oder Selbstgefälligkeit.
Wenn Sie Ihr Mißfallen über das Verhalten des anderen äußern, sagen Sie vorher etwas Positives über ihn; verwenden Sie Sätze, die nicht abwerten, wie zum Beispiel: »Es

macht mich traurig, wenn ...«; ermuntern Sie ihn zu sagen, was ihm an Ihnen nicht gefällt.
Wenn Sie einmal damit begonnen haben, ehrlich zu sein, bleiben Sie dabei. Es braucht gewöhnlich Standhaftigkeit, Ehrlichkeit zur Gewohnheit werden zu lassen.

27 Andere beneiden

Nur wenige Menschen können
einen erfolgreichen Freund ohne
Neidgefühle beglückwünschen.
Äschylus

Der Held in Stephen Cranes berühmtem Roman beneidet die verwundeten Soldaten um ihr »rotes Tapferkeitsabzeichen«. Ohne Zweifel ist es selbstschädigend, sich zu wünschen, der eigene Körper möge so zerfetzt sein wie der der sterbenden Menschen auf dem Schlachtfeld. Es kann aber auch selbstschädigend sein, andere um ihren Erfolg, ihr gutes Aussehen oder sonst eine Eigenschaft zu beneiden.

Wir schämen uns für unsere Neidgefühle. Die meisten von uns möchten diejenigen, die etwas besitzen, das wir auch gerne hätten, dazu ehrlichen Herzens beglückwünschen können. Wenn wir es nicht können – und besonders wenn wir wünschen, daß die anderen das, was wir begehren, nicht hätten –, hassen wir uns für unseren Egoismus und unsere Engstirnigkeit. Das ständige Nachdenken darüber, was die anderen haben und wir nicht, kann sich auch in eine sich selbsterfüllende Weissagung verwandeln: Es macht uns in unseren eigenen Augen minderwertig, und wer möchte gerne mit jemandem befreundet sein oder Geschäfte machen, der sich ständig hintangesetzt fühlt. Das Gefühl, im Leben auf der Verliererseite zu stehen, kann solche Ausmaße annehmen, daß wir keine Zufriedenheit oder Dankbarkeit mehr empfinden können. Und diese beiden Gefühle brauchen wir, um glücklich zu sein.

Zum Glück ist Neid keine unheilbare Krankheit. Ich habe die Erfahrung gemacht, daß Neid am besten überwunden wird, wenn Sie die Menschen, die das haben, wonach Sie sich sehnen, näher kennenlernen. Auf den ersten Blick mag dies seltsam erscheinen – denn wird Neid nicht eher überwunden, wenn man die Gesellschaft jener sucht, die uns das Gefühl geben, ein vergleichsweise besseres Leben zu führen? Ja sicher, aber dieser Balsam für die wunde Seele hält nicht lange vor, während die andere Methode auf zweierlei Weise eine heilende Wirkung ausübt.

Erstens: Wenn Sie die von Ihnen beneideten Menschen näher kennenlernen, sehen Sie ihr gesamtes Leben und nicht nur die Aspekte, die Sie begehrenswert finden. So können Sie entdecken, daß auch diese Menschen Fehler und Schwächen haben, die Sie nie für möglich gehalten hätten, oder eine Krankheit, eine unglückliche Ehe, ein ungeratenes Kind, jede Menge Feinde. Vielleicht erkennen Sie, daß die beneideten Menschen neben den Vergünstigungen, die das Schicksal ihnen verliehen hat, weit größeren Mühen und Anfechtungen ausgesetzt waren als Sie. Möglicherweise finden Sie sogar heraus, daß sie Sie beneiden.

Ein überzeugendes Beispiel hierzu lieferten fünf Frauen in einer von mir geleiteten Therapiegruppe. Eine davon, Linda, war reich und schön. Obwohl sie es zu verbergen suchten, beneideten die anderen sie sehr, was ihr wiederum unangenehm war. Eines Tages bewunderte eine der Frauen Lindas Frisur. »Da, du kannst sie haben«, erwiderte Linda daraufhin, zog sich die Perücke vom Kopf und reichte sie ihrer schockierten Bewunderin. Sie hatte durch eine Chemotherapie alle Haare verloren. Plötzlich erkannten die Frauen, daß das, um was sie Linda beneidet hatten, dieser nicht beneidenswert erschien.

> Wer ist reich? Derjenige, der sich an dem erfreut, was er hat.
>
> *Talmud*

Zweitens: Suchen Sie die Gesellschaft der von Ihnen Beneideten, um von ihnen zu lernen. Wie ein Uranatom enthält Neid Energie, die in eine zerstörerische oder konstruktive Kraft umgewandelt werden kann. Sie kann entmutigen oder motivieren. Sie kann Sie in einen Klagenden oder einen Erfolgreichen verwandeln. Neid schafft eine Leere in Ihnen. Wenn Sie sich in dieser Leere suhlen, geraten Sie noch mehr ins Hintertreffen. Füllen Sie diese Leere jedoch mit konstruktivem Tun, kann Neid Sie weiterbringen.

Am besten finden Sie zuerst einmal heraus, welche Eigenschaften Sie brauchen und welches Verhalten Sie zeigen müssen, um das Begehrte zu erreichen. Beneiden Sie andere allerdings wegen ihres ererbten Reichtums oder ihres natürlich guten Aussehens oder eines Glücksfalls, wie etwa einen Lottogewinn, haben Sie keine große Chance. Da müssen Sie einfach die Tatsache akzeptieren, daß die Biologie und das Schicksal ungerecht sein können. Doch wenn Sie andere um den Erfolg auf einem bestimmten Gebiet beneiden, studieren sie jene, die diesen Erfolg haben. Finden Sie heraus, wie es dazu gekommen ist. Haben sie Fähigkeiten, eine Ausbildung oder persönliche Eigenschaften, die Sie sich auch zulegen können? Haben sie eine Philosophie oder Werte, die Sie übernehmen können? Haben sie einen Plan, den Sie kopieren können? Meiner Meinung nach sind Menschen, die den Neid anderer wecken, nicht viel anders als wir übrigen. Wenn Sie viel über sie in Erfahrung bringen, kann Ihnen das zu dem Gefühl »Ich kann das auch« verhelfen, statt sich dem Gedanken »Ich wollte, ich hätte das auch« hinzugeben.

Bevor Ihr Neid Sie zum Handeln anleiten kann, müssen Sie ihn in ein angenehmeres Gefühl umwandeln. Um dies zu erreichen, lösen Sie sich erst einmal von feindseligen Gedanken. Wünschen Sie nicht mehr, daß die andere Person das von Ihnen Begehrte nicht hat – oder hoffen Sie nicht mehr, daß sie es verlieren wird. Danach sollten Sie versuchen, den anderen für das, was er hat, oder für sein Glück zu bewundern, ohne es irgendwie in Zusammenhang mit Ihnen zu bringen. Wenn Sie eine Person bewundern, kann diese mehr haben, ohne daß Sie sich benachteiligt fühlen. Und dann wechseln Sie vom Bewundern zum Nacheifern. Wenn Sie die Eigenschaften entwickeln, die die andere Person beneidenswert gemacht hat, werden Sie stolz auf sich sein, und Sie können nicht gleichzeitig stolz und neidisch sein.

Hilfreiche Einsicht

Neid, der Sie zu mehr Leistung anstachelt, kann Sie nicht beherrschen.

In Aktion treten

Nehmen Sie sich Zeit zum Nachdenken, sobald Sie bei sich Neidgefühle feststellen. Vermeiden Sie ein impulsives selbstschädigendes Verhalten.

Sie sind kein schlechter Mensch, nur weil Sie einem anderen etwas nicht gönnen. Sagen Sie sich, daß Sie sich lediglich benachteiligt fühlen und versuchen, den Schmerz darüber auf diese Weise zu mildern.

Bringen Sie mehr in Erfahrung über die Person, die Sie beneiden. Finden Sie die Wahrheit über ihr Leben heraus.

Vielleicht entdecken Sie, daß es weniger zu beneiden gibt, als Sie glauben.
Versuchen Sie lieber die Person zu schätzen und zu bewundern, als sich zu wünschen, das zu haben, was sie hat.
Finden Sie heraus, welche Eigenschaften und Fähigkeiten der Person geholfen haben, das zu erreichen, um was Sie sie beneiden.
Überlegen Sie sich, wie Sie sich ebenfalls solche Eigenschaften und Fähigkeiten aneignen können, und versuchen Sie dies in die Tat umzusetzen.

28 Sich selbst bedauern

Manchmal wandere ich herum voll
des Mitleids mit mir selbst,
und immerfort trägt mich der Wind
durch die Lüfte.

Ojibwa-Vers

Du kannst nicht in Verzweiflung die
Hände ringen und gleichzeitig die
Ärmel aufkrempeln.

Pat Schroeder

Melinda hat sieben Jahre damit zugebracht, eine schwierige Ehe zu retten, die dann aber endgültig zerbrach, als ihr Mann sie wegen einer anderen Frau verließ. Noch fünf Jahre danach empfand sie Bitterkeit. Trotz meiner Bemühungen, ihrem Leben eine Neuorientierung zu geben, verbrachte sie die meiste Zeit ihrer Therapiesitzungen damit, ihr Schicksal zu beklagen. Sie jammerte, die besten Jahre ihres Lebens vergeudet zu haben, nun gezwungen zu sein, in einem aussichtslosen Job auszuharren, den Rest ihres Lebens allein verbringen zu müssen, denn wer interessiere sich schon für eine vierzigjährige Mutter, und die netten Männer wären ja sowieso alle homosexuell oder verheiratet usw.

Der Ausflug ist der gleiche, ob du
nach deinen Sorgen oder nach
deinen Freuden Ausschau hältst.

Eudora Welty

Weil sie darauf bestand, ihr Glas als halb leer zu sehen, wurde Melindas Glas immer leerer. Sie war überzeugt, daß man unter diesen Umständen unmöglich glücklich sein könne, und deshalb war sie – wie hätte es anders sein können – unglücklich. Erst als sie zwei Vorschläge von mir befolgte, gelang es ihr, ihrem Leben eine andere Wendung zu geben. Bei ihrer ehrenamtlichen Tätigkeit in einem Haus für mißhandelte Frauen sah sie ein Leid, das ihres im Vergleich harmlos aussehen ließ. Und bei einer Selbsthilfegruppe für Geschiedene traf sie Frauen, die sich nach einer Situation wie der ihrigen wieder gefangen hatten. Diese Frauen verstanden zwar ihren Kummer, waren aber nicht bereit, ihr Selbstmitleid ruhig hinzunehmen, und sie konnte ihren Rat nicht mit einem »Du kannst das gut sagen« abtun, wie sie es bei mir und ihren verheirateten Freundinnen getan hatte. Sich selbst zu bedauern ist ein weitverbreitetes Phänomen. Wenn es keine verlassene Frau wie Melinda ist, ist es ein Paar, das keine Kinder haben kann, ein Mann, »der das gleiche hätte erreichen können«, wenn er mehr Glück gehabt hätte, oder ein Arbeiter, dem gekündigt worden war. Es sind erwachsene Kinder von Alkoholikern und Opfer von Kindesmißbrauch oder Menschen, die von ihren Eltern vernachlässigt oder zu sehr verwöhnt wurden oder Eltern hatten, die keine Vorbilder waren oder ihnen einfach weggestorben sind. Wenn es keine Kindheitswunden sind, die Selbstmitleid hervorrufen, ist es eine gegenwärtige Tragödie wie eine Krankheit, der Tod eines geliebten Menschen oder ein finanzieller Rückschlag. In manchen Fällen ist es ein unveränderliches persönliches Merkmal, wie dick, häßlich oder körperlich behindert zu sein. Bei manchen Menschen ist Selbstmitleid chronisch – ändern sich ihre Umstände, finden sie neue Gründe, um sich zu bedauern. Sie können sie erkennen, weil viele ihrer Sätze mit »Wenn nur ...« beginnen.

Als ein vorübergehendes Hilfsmittel kann Selbstmitleid tröstlich sein. So, wie ein Tier seine Wunden leckt, ist es für uns eine Möglichkeit, unseren Schmerz zu lindern. Es kann uns auch von schlimmeren Gefühlen, wie Schmerz oder Angst, ablenken. Und wenn wir es anderen zeigen, kann Selbstmitleid auch ein Schrei um Hilfe sein – ein Mittel, um Anteilnahme zu erhalten oder um uns selbst aus der Schlinge zu ziehen, denn die anderen erwarten nicht viel von jenen, die sie bedauern.

Doch der Nutzen verblaßt im Vergleich zu den Kosten. Zum einen ist Selbstmitleid nicht vereinbar mit Hoffnung. Sich selbst zu bemitleiden zehrt an Ihren Kräften, die Sie besser für eine Neuorientierung in Ihrem Leben einsetzen könnten. Solange Sie in der Vergangenheit leben, können Sie sich nicht vorstellen, eine bessere Zukunft aufzubauen. Auch wenn es tröstlich ist, das Mitgefühl anderer zu gewinnen, werden diese doch mit der Zeit ihr Interesse an und ihren Respekt vor Ihnen verlieren. Sie wenden sich dann entweder von Ihnen ab oder behandeln Sie frostig oder gar abweisend.

Selbstmitleid ernährt sich selbst. Wenn es Ihnen an Selbstvertrauen mangelt und Ihre Einstellung negativ ist, wird wahrscheinlich auch vieles mißglücken, was Ihnen wiederum neuerlichen Grund gibt, sich selbst zu bemitleiden. Wenn dieser Kreis sich lange genug fortsetzt, gehen Sie das Risiko ein, einen wirklich mitleiderregenden Eindruck zu machen.

> Sei zufrieden mit dem, was du hast, erfreue dich an den Dingen, wie sie sind. Wenn du dir bewußt bist, daß nichts fehlt, gehört dir die ganze Welt.
>
> *Laotse*

Wenn Sie in dieser selbstschädigenden Falle sitzen, ist es am besten, sich Situationen auszusetzen, die Ihnen eine neue Perspektive vermitteln. Beschäftigen Sie sich zum Beispiel mit Menschen, die wirklich Mitgefühl verdienen; bitten Sie einen Freund oder eine Freundin, Ihnen ehrlich zu sagen, ob es ihm oder ihr unangenehm ist, wenn Sie sich über Ihre Lage beklagen; treten sie einer Selbsthilfegruppe bei.
Sie müssen sich um 180 Grad wenden, um von Selbstmitleid zu Wertschätzung, von Selbstanklage zu Dankbarkeit zu kommen. Andernfalls wird Ihr halbvolles Glas vollständig leer werden.

Hilfreiche Einsicht

Wenn Sie sich weiterhin selbst bemitleiden, haben Sie wirklich einen Grund, betrübt zu sein.

In Aktion treten

Lernen Sie zu erkennen, wann Sie sich selbst bemitleiden. Sagen Sie sich, daß es eine enorme Zeit- und Kraftverschwendung ist und eine Belastung für andere.
Tun Sie etwas für jemanden, dem es schlechter geht als Ihnen. Dies bringt Ihnen nicht nur Ihre eigene, bessere Lage zu Bewußtsein, es erfüllt Sie auch mit Stolz – und man kann nicht stolz auf sich sein und sich gleichzeitig bemitleiden.
Schreiben Sie auf, für welche Dinge in Ihrem Leben Sie dankbar sind.
Schreiben Sie auf, was sich alles als besser erwiesen hat, als Sie erwarteten.
Überlegen Sie sich, wer Ihnen in Ihrem Leben geholfen hat,

und finden Sie eine Gelegenheit, dieser Person zu danken. Wenn andere den Grund, warum Sie sich bemitleiden, mit Ihnen teilen, treten Sie einer Selbsthilfegruppe bei. Suchen Sie eine aus, die Sie in Ihren Bemühungen unterstützt, Ihr Problem zu bewältigen und dem Leben eine neue Richtung zu geben, und nicht eine, die Sie in Ihrem Gefühl der Hilflosigkeit bestärkt. In lösungsorientierten Gruppen sprechen die Teilnehmer nicht nur über ihr Leid, sondern auch über neue, hoffnungsvolle Perspektiven für die Zukunft. Wenn Sie Schwierigkeiten haben, die richtige Gruppe zu finden, sprechen Sie mit anderen über Ihren Wunsch; vielleicht ziehen Sie auf diese Weise Menschen an, die, so wie Sie, ein Problem meistern wollen.

29 Sich einreden, daß nur der schwierige Weg der richtige ist

> Suche nicht nach Dingen, die zu schwer für dich sind; und suche nicht nach Dingen, die deine Kräfte übersteigen.
>
> *Apokryphen*

Als Paul zum ersten Mal zu mir kam, nahm ich an, er wäre einer dieser Studenten, die Probleme mit den Anforderungen ihres Studiums haben. Er war niedergeschlagen, litt unter chronischen Kopfschmerzen und Schlaflosigkeit. Auf meinen Vorschlag, ein Semester auszusetzen, reagierte er mit Empörung. »Ich bin keiner, der gleich aufgibt. Ich will weitermachen; alles, was ich brauche, sind ein paar Medikamente.« In Wirklichkeit bedurfte er jedoch einer vollständigen Überprüfung seiner Lebenssituation und seiner Zukunftspläne.

Als ich ihn besser kennenlernte, wurde mir klar, daß Paul sich von den anderen streßgeplagten Studenten unterschied. Zum einen brannte er nicht gerade vor Verlangen, eines Tages in seinem gewählten Beruf als Architekt tätig zu werden. Zudem hatte er schon immer Probleme mit Physik und Mathematik gehabt – unverzichtbare Disziplinen für Architekten – und mußte auch weiterhin doppelt soviel arbeiten wie seine Kommilitonen, um den Stoff zu begreifen. Warum tat er das alles? Weil er in dem Glauben erzogen worden war, daß alles Gute hart erarbeitet werden müsse und daß Arbeit, die den Namen verdient, harte Arbeit sei. Seine Eltern hatten wie die Sklaven in ihrem Geschäft geschuftet, und auch seinen Bruder hatte es viel Mühe gekostet, Rechtsanwalt zu werden. Jedesmal, wenn Paul aufgeben wollte, übermannten ihn Schuldgefühle, und er trieb sich noch mehr an.

Als wir berieten, was Paul tun könne, um sich etwas zu entspannen, erfuhr ich, daß er, wann immer er über etwas freie Zeit verfügte, seinem früheren High-School-Basketballtrainer half. Er liebte diese Tätigkeit und hätte gerne mehr Zeit dafür übrig gehabt. Wie sich herausstellte, war er ein recht guter Spieler gewesen. Seine Begeisterung für das Spiel, sein Verständnis für seine Feinheiten und sein Talent, anderen etwas beizubringen und sie zu motivieren, machten ihn zu einem aussichtsreichen Kandidaten für einen Job als Basketballtrainer. Es waren ihm auch tatsächlich bereits Stellen angeboten worden. Als ich ihn fragte, warum er sie zugunsten der Universität abgelehnt hatte, erhielt ich eine erstaunliche Erklärung: Bei seiner Entscheidung hatten Status oder Geld keine Rolle gespielt; was ihn abhielt, war die Leichtigkeit der Arbeit. Das Trainieren von jungen Spielern war für ihn die einfachste Sache der Welt. Das machte es zu einem Hobby, aber nicht zu einem Beruf. Arbeit durfte angeblich keine Freude machen und einem alles andere als leichtfallen. Arbeit mußte hart und mühsam sein. Andernfalls hatte er das Gefühl zu schummeln.

Ich sagte ihm, daß er ohne Liebe zu seiner Arbeit am Ende Depressionen bekommen oder in einem frühen Alter ausgebrannt sein würde. Ich schlug ihm vor, sich ernsthaft zu überlegen, ob er nicht Basketballtrainer werden wolle.

»Aber das wäre doch der einfache Weg«, protestierte er. Ich antwortete ihm mit einem Satz, der einst meinem Lebensweg eine andere Richtung gegeben hatte: »Manchmal ist der einfache Weg der richtige Weg.«

In unserer Gesellschaft besitzt harte Arbeit einen so hohen

Stellenwert, daß wir uns oft faul vorkommen oder wie jemand, der vor der Wirklichkeit zu fliehen versucht, wenn wir das wählen, was uns Spaß macht oder angenehm ist. Wenn uns etwas leichtfällt, werden wir argwöhnisch und fragen uns, ob es sich hierbei vielleicht um eine versteckte Falle handelt; es ist wie bei einer Frage, deren Antwort so offensichtlich ist, daß wir uns überlegen, was wohl dahintersteckt.

> Nichts ist so leicht, daß es nicht schwer wird, wenn man es ungern tut.
>
> *Publius Terentius Afer*

Solche Denkmuster können Sie von Tätigkeiten abhalten, die Ihnen die größte Erfüllung bringen würden. Sie nehmen statt dessen eine schwierige und langweilige Arbeit an, die Ihnen aber wie »richtige Arbeit« erscheint. Scheitern Sie dann an dieser Aufgabe, schelten Sie sich, halten sich für unzulänglich und unfähig. Dabei ist das eigentliche Problem, daß Sie Ihre Arbeit nicht gerne tun. Was Ihnen fehlt, ist nicht das Leistungsvermögen, sondern der Enthusiasmus. Natürlich können Sie auch Dinge gut machen, die Ihnen nicht gefallen, doch nur für kurze Zeit. Wenn es Ihnen an Motivation fehlt, genügt ein kleines Hindernis oder ein kleiner Rückschlag, um Sie aufgeben zu lassen. Sie besitzen mehr Durchhaltevermögen, wenn Sie Ihre Arbeit lieben.

> Steh deinem Glück nicht im Weg.
>
> *Joseph Campbell*

Ich sehe dies oft bei Menschen, denen es schwerfällt, Aufgaben zu delegieren. Elaine war eine erfolgreiche Unternehmerin, die bis zur Erschöpfung arbeitete, weil sie auch administrative Aufgaben erledigte, die sie ungern tat und für die sie auch nicht geeignet war. Sie hatte eine Begabung, mit Menschen umzugehen. Mit Kunden und Lieferanten zu verhandeln, sie zu überzeugen, war etwas, was für sie so einfach war wie Gehen. Es bereitete ihr so wenig Mühe, daß sie die Bedeutsamkeit dieser Tätigkeit herunterspielte. Sie glaubte nur dann eine tüchtige Geschäftsfrau zu sein, wenn sie sich selbst bis ins Detail um die Verwaltung und Finanzen kümmere. Statt diese Aufgaben zu delegieren, verbrachte sie jeden Tag Stunden damit, sich durch Dinge zu kämpfen, die ihr schwerfielen. Dies lenkte sie nicht nur von ihren wirklichen Fähigkeiten ab, es gab ihr auch das Gefühl, unzulänglich zu sein – weil sie die Arbeit nicht wirklich gut machte. Also, denken Sie daran, es heißt nicht automatisch, daß Sie nicht hart arbeiten, wenn Sie das nächste Mal eine Arbeit verrichten, die Ihnen leichtfällt – Sie haben nur das Gefühl, daß es keine harte Arbeit ist. Und lassen Sie sich auch nicht von anderen einreden, daß Sie unbedarft oder faul sind. Wahrscheinlich sind diese nur eifersüchtig, weil sie keinen Spaß an ihrer Arbeit haben.

Hilfreiche Einsicht

Manchmal ist der leichte Weg der richtige Weg.

In Aktion treten

Haben Sie keine Schuldgefühle, wenn Ihnen eine Arbeit leichtfällt und Spaß macht. Es bedeutet nicht, daß Sie verantwortungslos oder faul sind.

Versuchen Sie aus dem, was Sie gerne tun, eine ernsthafte Arbeit oder einen ernsthaften Beruf zu machen.
Wenn Sie von Enttäuschungen und Selbstzweifeln geplagt werden, könnte es sein, daß Sie eine Arbeit haben, die nicht Ihren Begabungen entspricht und Ihnen daher auch nicht leichtfällt.

30 Annehmen, daß es genügt, sein Bedauern auszudrücken

> Die schreckliche Angewohnheit, sich lediglich zu entschuldigen, ist schwer auszumerzen. Sich zu entschuldigen ist Egoismus von innen nach außen gekehrt.
>
> *Oliver Wendell Holmes*

Einer der erschütterndsten Momente in einer Therapie ist der, wenn Menschen zugeben, daß Sie jemanden, der ihnen nahesteht, betrogen, gekränkt oder übervorteilt haben. Ich erinnere mich zum Beispiel an eine normalerweise durch nichts zu erschütternde Hollywood-Agentin, die in meiner Gegenwart zum ersten und einzigen Mal in Tränen ausbrach, weil sie in betrunkenem Zustand ihre in einem Pflegeheim wohnende, hinfällige Schwiegermutter angebrüllt hatte. Und auch ein Immobilienmakler weinte hemmungslos vor Reue über einen Seitensprung, mit dem er seine Frau unendlich gekränkt hatte. In beiden Fällen waren es nicht nur die Schuld und die Scham, die ihnen so zu schaffen machte, es war auch die Qual, nicht zu wissen, wie man die Sache wiedergutmachen könne.

Es ist unerläßlich, beim Kitten einer beschädigten Beziehung Wiedergutmachung zu leisten. Nur auf diese Art können wir dem anderen zeigen, daß uns der Schmerz nahegeht, den wir ihm zugefügt haben. Leider wissen wir oft nicht, wie wir etwas wieder in Ordnung bringen können. Wir murmeln eine kurze Entschuldigung oder sagen uns, die Zeit wird die

Wunde schon heilen. Ein »Es tut mir leid« genügt möglicherweise bei kleineren Kränkungen, aber wenn ernsthaft Schaden angerichtet wurde, braucht es mehr und meist auch mehr als Worte. Sonst werden die Menschen, denen wir weh getan haben, uns ihr Vertrauen weiterhin vorenthalten. Dies frustriert uns nur noch mehr, und wir werden böse, weil unsere Entschuldigung nicht angenommen wurde. »Sie wollen es nicht vergessen« lautet unsere Klage, wenn in Wahrheit wir die Dinge noch nicht wiedergutgemacht haben.

Entschuldigen Sie sich nicht –
leisten Sie Wiedergutmachung.
Elbert Hubbard

Um die Dinge wieder in Ordnung zu bringen, muß man wissen, daß diejenigen, die gekränkt wurden, drei emotionale Phasen durchlaufen:

1. Die Phase des Schmerzes. Die Aura der Unverletzlichkeit wurde durchbrochen, sie wissen nun, wie sehr man ihnen weh tun kann.
2. Die Phase des Hasses. Sie sind wütend auf die Person, die Ihr Vertrauen mißbraucht und Ihnen Ihr Gefühl der Sicherheit genommen hat.
3. Die Phase des Zögerns. Sie werden erst wieder Vertrauen fassen, wenn Sie sich sicher fühlen.

Bei einer tiefen Kränkung werden die aufrichtigsten Worte auf taube Ohren stoßen; nur ein Akt der Wiedergutmachung kann die Gekränkten dazu bewegen, das schmerzvolle Geschehen zu vergessen und ihre Abwehrhaltung aufzugeben. Dieser Akt der Wiedergutmachung beinhaltet:

1. Reue. Sie müssen zeigen, daß es Sie schmerzt, Leid zugefügt zu haben. Am besten tun Sie dies, indem Sie sagen: »Ich habe dich gekränkt, nicht wahr?« Fügen Sie dann noch hinzu: »Ich weiß, daß das, was ich getan habe, nicht richtig war, und ich bedaure, dir weh getan zu haben.« Wenn jemand einen großen Schmerz empfindet, sind lange Erklärungen fehl am Platze.

2. Genugtuung. Bei kleineren Kränkungen können einfache Gesten, wie das Überreichen von Blumen, genügen. Doch Kränkungen, die tiefer gehen, können nach einer öffentlichen Demonstration der Wiedergutmachung verlangen. So entschuldigte sich die Agentin, die in einem Pflegeheim die Nerven verlor, nicht nur bei ihrer Schwiegermutter und ihrem Mann, sondern auch bei allen, die Zeuge der Szene gewesen waren. Der Akt der Wiedergutmachung des Immobilienmaklers war einfach, aber effektiv: Auf meinen Vorschlag hin erlaubte er seiner Frau, ihrer Wut freien Lauf zu lassen, während er ihr zuhörte, ohne etwas zu erwidern oder sich zu verteidigen.

3. Rehabilitation. Um die Angst zu überwinden, wieder verletzt zu werden, braucht derjenige, der gekränkt wurde, mehr als bloße Versprechungen; nur eine Änderung des Verhaltens kann das Vertrauen wiederherstellen. Für die Agentin bedeutete dies, sich einer Entziehungskur zu unterziehen und zu zeigen, daß sie sich angemessen verhalten konnte, wenn ihre Schwiegermutter sie irritierte. Der Immobilienmakler nahm mit seiner Frau an einer Paarberatung teil und bemühte sich ehrlich, seine Frustration und Unzufriedenheit zu bekämpfen, die ihn in die Affäre getrieben hatten.

Manchmal schmerzt es mehr, dem anderen weh zu tun, als

selbst verletzt zu werden. Mit Reue, Genugtuung und Rehabilitation können Sie den Schmerz, den Sie einem geliebten Menschen zugefügt haben, zum Versiegen bringen und gleichzeitig beweisen, daß man Ihnen wieder vertrauen kann. Wenn Sie konsequent an Ihrer Wiedergutmachung arbeiten, ist am Ende die andere Person im Zugzwang. Er oder sie muß irgendwann bereit sein, die Bitterkeit aufzugeben und Ihnen eine zweite Chance zuzubilligen. Ohne diesen Akt des Vertrauens kann in einer geschädigten Beziehung der Heilungsprozeß nicht beginnen.

Hilfreiche Einsicht

Liebe bedeutet zu zeigen, daß es einem leid tut.

In Aktion treten

Versuchen Sie die Dinge aus der Sicht des anderen zu sehen.
Überlegen Sie sich
warum er sich verletzt fühlt;
warum und wie sehr er Sie wegen dieser Verletzung haßt;
warum er zögert, seine Abwehrhaltung aufzugeben und wieder Vertrauen zu Ihnen zu fassen.
Überlegen Sie, was Sie brauchten, wenn Sie in seiner Haut stecken würden:
Welche Form der Reue würde Ihren Schmerz lindern?
Welche Art von Strafe oder Genugtuung wäre nötig, um Ihre Wut und Ihren Haß zu besänftigen?
Welche Verhaltensänderungen brauchten Sie, um wieder Vertrauen zu fassen?
Lassen Sie die andere Person wissen, wie sehr Ihnen bewußt

ist, daß Sie im Unrecht sind und Ihnen der Schmerz, den Sie verursacht haben, Kummer bereitet.
Bieten Sie eine Wiedergutmachung an, die Sie mehr kostet als Geld.
Geben Sie der anderen Person das Gefühl der Sicherheit zurück, indem Sie sich in ähnlichen Situationen nicht mehr verletzend verhalten.

31 Sich nicht öffnen können

> Sprich Sorgen aus. Unterdrücktes Leid wird das überlastete Herz zum Brechen bringen.
>
> *Shakespeare*

Ich nahm einmal als Experte an der Sally Jessy Raphael Show teil, bei der es um Familiengeheimnisse ging. Die Gäste waren drei Frauen. Die eine hatte gesehen, wie ihr Vater erst ihre Mutter und dann sich selbst umbrachte, die andere wurde von ihrem Bruder vergewaltigt und geschwängert, und die dritte, der als Kind erzählt wurde, ihr Vater lebe nicht mehr, fand als Erwachsene heraus, daß er die ganze Zeit in derselben Stadt gewohnt hatte.

Ich bewunderte den Mut dieser Frauen, ihre perönliche Geschichte Millionen von Fremden zu erzählen. Nachdem die Kameras ausgeschaltet waren, wollte ich wissen, wie schwer es gewesen war, sie dazu zu überreden. Von Überreden keine Spur, wurde ich belehrt. Tatsächlich war es so, daß sie an den Sender geschrieben hatten, um auftreten zu dürfen. Der Grund war kein übertriebenes Selbstdarstellungsbedürfnis, sondern ihr starkes Verlangen, sich die Geheimnisse, die sie Jahre mit sich herumgetragen hatten, von der Seele zu reden. Für diese Show hatten sie sich entschieden, weil ihnen Sally vertrauenswürdig erschien und ihre unsichtbaren Zuschauer keine wahrnehmbare Bedrohung darstellten. Die Erleichterung, die diese gemarterten Seelen verspürten, war offensichtlich.

Bei dieser Erfahrung kristallisierte sich für mich etwas heraus, was ich seit längerem geahnt hatte: Es ist sehr wichtig, über schreckliche Erfahrungen zu sprechen.

> Worte sind die Heiler eines kranken Geistes.
>
> *Äschylus*

Wenn Sie etwas Schreckliches erlebt haben, wird der Schmerz und die Angst, die dadurch ausgelöst wurden, meist noch von einem anderen durchdringenden Gefühl begleitet: der Einsamkeit. Selbst bei einem geteilten Trauma, wie etwa einer Flutkatastrophe oder einem Erdbeben, sind die Auswirkungen bei jedem anders, und bis zu einem gewissen Grad fühlt sich jeder allein. So trauern beispielsweise Paare, die ein Kind verloren haben, zwar gewöhnlich gemeinsam, aber sie empfinden die Tragödie auf verschiedene Weise. Für die Mutter ist das dominierende Gefühl üblicherweise der Verlust – das Objekt ihrer mütterlichen Liebe gibt es nicht mehr. Für den Vater ist das überwältigende Gefühl oft Scham, weil er glaubt, in seiner Rolle als Beschützer versagt zu haben. Wenn man es ausspricht, mildert sich das Gefühl der Isolation; man fühlt sich nicht mehr außerhalb dieser Welt, sondern als ein Teil von ihr.

Über das Erlebte sprechen zu können ist außerdem ein Mittel, um Gefühle herauszulassen. Ein schreckliches Ereignis hinterläßt einen toxischen Rückstand; spricht man über das Ereignis, wirkt dies wie eine Spritze, mit der das angesammelte Gift herausgezogen wird. Befreit man sich nicht von diesem Gift, muß auf Verteidigungsmechanismen zurückgegriffen werden, wie Verleugnung und Unterdrückung, um Abstand zu bekommen. Das Gift reichert sich dann so lange an, bis Körper, Geist und Seele davon durchdrungen sind, was zu schlimmen Auswirkungen führen kann.

Je rascher und umfassender Sie sich aussprechen, desto schneller und einfacher ist die Heilung. Es früh herauszulassen entspricht auf emotionaler Ebene einem Sturz vom Fahrrad, nach dem man sofort wieder aufsteigt. Je länger man wartet, desto mehr Angst hat man davor. Auch ein unterdrückter Schmerz reichert sich an und kann von einer psychosomatischen Krankheit bis zu einer Phobie reichen.

Warum nur halten wir uns zurück? Wie alle selbstschädigenden Verhaltensweisen scheint es die zweckmäßigste Alternative zu sein. Zum einen befürchten wir, daß das Öffnen sehr schmerzhaft sein wird. Schließlich überkommt uns Schmerz und nicht Erleichterung, wann immer wir an das Schreckliche denken. Wir nehmen an, daß es die Sache noch verschlimmern wird, wenn wir uns anderen offenbaren. Außerdem befürchten wir, uns der falschen Person anzuvertrauen; vielleicht wird diese sich belastet fühlen und sich unangenehm berührt von uns abwenden. Oder sie wird sich über unsere Gefühle hinwegsetzen oder sie bagatellisieren, und wir werden uns töricht vorkommen. Ein anderer Grund, warum wir unsere Gefühle für uns behalten, ist die Furcht, daß wir es nicht beim Erinnern belassen können, sondern alles noch einmal durchleben und von Gefühlen übermannt werden.

Als Therapeut richte ich gezielte Fragen an meine Patienten, um sie zu ermutigen, schreckliche Ereignisse im Detail zu schildern: Welche Farbe hatte es? Wie laut waren die Geräusche? War es kalt im Zimmer? Konnten Sie etwas riechen? Das Ereignis in einer geschützten Umgebung durch die Sinne wiederzuerleben bringt Gefühle zum Vorschein, die möglicherweise unterdrückt wurden. Das kann den Heilungsprozeß erleichtern.

Ein gutes Beispiel hierfür ist Gay, eine alleinerziehende Mutter, die in Heimarbeit einen Versandhandel betrieb. An einem Tag war sie so beschäftigt, daß sie aus Versehen die Haustür offenließ. Sie war am Telefon, als sie kreischende Bremsen, einen Schrei und einen unheimlichen, dumpfen Schlag hörte. Als sie hinausrannte, sah sie, daß ihr Kind blutend und bewußtlos auf der Straße lag und eine hysterische Fahrerin es wiederzubeleben versuchte. Das Kind überlebte, war aber für immer entstellt. Von Schuldgefühlen geplagt und von Alpträumen verfolgt, war die Erinnerung für Gay zu schrecklich, um darüber sprechen zu können. Nach einiger Zeit erzählte sie jedoch die ganze grausame Geschichte bis ins Detail, sie sprach darüber, wie das Kind aussah, als es auf der Straße lag, und wie sie sich in der Notaufnahme geschämt hatte. Diese Aussprache brachte bei Gay den Heilungsprozeß in Gang, und es war ihr möglich, sich am Ende selbst zu vergeben.

Was die Seife für den Körper ist,
sind Tränen für die Seele.

Jüdisches Sprichwort

Geübt im Zuhören und durch das Gesetz zu Stillschweigen verpflichtet, sind Therapeuten oft am geeignetsten, Ihre Geschichte anzuhören. Aber sie sind nicht die einzig Tauglichen. Manchmal sind Menschen, die etwas ähnlich Schmerzvolles erlebt haben, am besten in der Lage, überzeugend »Ich verstehe dich« und »Du bist mit deinem Schicksal nicht allein« zu sagen. Aus diesem Grund ist eine Selbsthilfegruppe oft eine unerläßliche Ergänzung zu einer Therapie.

In welcher Beziehung auch immer sie zu Ihnen stehen, gute Zuhörer zeichnen sich durch einige gemeinsame Eigenschaften aus: Sie hören aufmerksam und geduldig zu, ohne Ihnen das Wort abzuschneiden; sie akzeptieren Ihre Gefüh-

le, ohne sie zu bagatellisieren; und, was vielleicht am wichtigsten ist, sie sind weise genug zu bestätigen, daß das, was Sie erlebt haben, tatsächlich schrecklich ist.
Es genügt nicht, über ein schlimmes Ereignis nur nachzudenken oder es jemandem zu erzählen, der wenig Interesse zeigt. Um innerlich zu heilen, müssen Sie Ihren Gefühlen Ausdruck verleihen, und dies gelingt Ihnen erst, wenn Sie sich sicher fühlen, das heißt, wenn jemand bereit ist, Ihnen so lange zuzuhören, bis der Schmerz abklingt.

Hilfreiche Einsicht

Das Schreckliche herauszulassen heilt den Schmerz.

In Aktion treten

Finden Sie einen einfühlsamen Menschen, dem Sie Ihre Geschichte anvertrauen können.
Bitten Sie ihn, sich Zeit zu nehmen, damit Sie das Erlebte in allen Einzelheiten erzählen können.
Bitten Sie ihn, Ihnen zuzuhören, ohne zu urteilen, Fragen zu stellen oder sich kritisch zu äußern.
Beschreiben Sie Ihre Erfahrung so genau wie möglich, reden Sie über das, was Sie sahen, hörten, rochen, schmeckten und, vor allem, empfanden.

32 Zu schnell aufgeben

Große Dinge verlangen oft weniger
Können als Durchhaltevermögen.
Samuel Johnson

Paul war klug, charmant und dynamisch, ein Mann mit großen Ideen und der Fähigkeit, andere dafür zu begeistern. Eigentlich hätte er viel Erfolg haben müssen. Aber alle seine Unternehmungen – wie auch alle Jobs, für die er sich engagieren ließ – endeten mit einer Enttäuschung. Seine Frau Ruth hatte es satt. Seit neun Jahren verdiente sie praktisch den Unterhalt für beide. »Er strengt sich einfach nicht genügend an«, beklagte sie sich.

In Wirklichkeit war das Problem jedoch Pauls fehlendes Durchhaltevermögen. Immer wenn er sich in ein neues Unternehmen stürzte, war er begeistert, doch sobald die Zeit der Detailarbeit anfing, wurde er ungeduldig. Auch mit Verzögerungen und Hindernissen kam er nicht zurecht. Wäre Paul ein Sportler, würde er am Anfang immer die Führung übernehmen, dann aber nachlassen und seine Gegner an ihm vorbeistürmen sehen. Er mußte lernen, was der Vorstandsvorsitzende einer großen Firma mir einst sagte: »Der Schlüssel zum Erfolg ist, Langeweile zu ertragen.« Man muß die Dinge überprüfen, verbessern und Fehler eliminieren. Wenn man sich nur für den Reiz des Neuen begeistert, den eintönigen Teil eines Prozesses aber nicht ertragen kann, verliert man die Geduld und gibt auf. So erging es Paul. Sobald der Alltag eintrat, nahm die Begeisterung ab, und er sagte sich, daß das, wonach er strebte, sich als falsch und nutzlos erwie-

sen hatte. Seine Worte lauteten dann: »Es ist nicht so gekommen, wie ich es mir vorgestellt habe.« Oder: »Das ist nicht das, was ich eigentlich tun möchte.«
Langeweile ist nicht der einzige Grund, warum wir zu früh aufgeben. Wenn etwas – eine Arbeit oder eine Ehe – sich als schwieriger erweist, als wir erwarteten, sagen sich manche, daß es die Mühe nicht wert ist. Dies trifft besonders dann zu, wenn die Hindernisse, die sich vor uns auftun, unsere Schwächen und Unzulänglichkeiten bloßstellen. Die Angst vor einer Demütigung läßt unser Durchhaltevermögen schwinden. Wir gestehen uns das natürlich nicht ein. Wir finden ganz einfach Gründe, warum es das beste ist, die Sache aufzugeben.
Wie die meisten selbstschädigenden Verhaltensweisen dient auch diese einem bestimmten Zweck. Durch Aufgeben befreien wir uns von den Enttäuschungen und Ängsten, die aufkommen, wenn wir nicht mehr weiterwissen oder uns in die Ecke gedrängt fühlen. Es bewahrt uns davor, einer tieferen Furcht ins Auge zu blicken – wie zum Beispiel der, daß wir das, was nötig ist, um erfolgreich zu sein, nicht besitzen. Es kann aber auch ein verborgener Schrei um Hilfe sein oder ein Mittel, andere aufzufordern, uns Mut zu machen. Ihr Stolz läßt besonders Männer gerne aufgeben; für sie ist um Hilfe zu bitten gleichbedeutend mit Betteln. Man braucht 500 000 Spermien, um ein Ei zu befruchten – Männer sind zu stolz, nach dem Weg zu fragen.

> Eine wirkliche Anstrengung muß
> schmerzen.
>
> *José Ortega y Gasset*

Doch der bequeme Weg des Aufgebens erfordert einen hohen Preis, und zwar nicht nur den offensichtlichen, der im

Nichterreichen unseres Zieles besteht. Wenn wir immer wieder aufgeben, verlieren wir anderen und auch uns gegenüber unsere Glaubwürdigkeit. Wer respektiert schon einen Drückeberger? Außerdem lernen wir nie den Wert des Durchhaltens kennen, und wir eignen uns auch nie die Fähigkeit an, Hindernisse und Frustrationen überwinden zu können.

Natürlich können manchmal alle Mühen und alle guten Absichten der Welt ein Projekt oder eine Beziehung nicht retten. Aber es gibt einen Unterschied zwischen Innehalten und Aufgeben. Innehalten bedeutet, etwas neu zu bewerten und die Handlungsweise darauf einzustellen. Aufgeben bedeutet, etwas zu beenden, »das Schiff zu verlassen«, sich selbst von der Last der Verantwortung zu befreien.

> Wir versagen, nicht wenn wir herunterfallen, sondern wenn wir uns nicht wiederaufrichten.
>
> *Mary Pickford*

Wie können Sie zwischen einer zu frühen Aufgabe und der vernünftigen Entscheidung, eine Sache zu beenden, unterscheiden? Es empfiehlt sich zurückzublicken, um ein Gefühl für Ihre Verhaltensmuster zu bekommen: Neigen Sie dazu, zu früh aufzugeben oder zu lange an etwas festzuhalten? Auch die Meinung von Personen, die Sie gut kennen, kann weiterhelfen. Finden Sie mit ihrer Unterstützung heraus, ob Sie alle verfügbaren Optionen sondiert, alle nötigen Informationen eingeholt und alle möglichen Hilfen erbeten haben. Müssen Sie dies verneinen, geben Sie wahrscheinlich zu früh auf.

Hilfreiche Einsicht

Sie bestimmen, ob Sie etwas versuchen oder etwas aufgeben wollen. Erfolg oder Mißerfolg werden mehr durch die Umstände bestimmt.

In Aktion treten

Überlegen Sie sich, wann Sie das letzte Mal etwas schnell wieder aufgegeben haben? Welches waren die positiven und welches die negativen Konsequenzen dieser Handlungsweise?
Konzentrieren Sie sich nun auf die gegenwärtige Situation. Notieren Sie die potentiellen Vor- und Nachteile eines Aufgebens zum jetzigen Zeitpunkt.
Fertigen Sie eine Liste Ihrer anderen Möglichkeiten an. Schreiben Sie die Vor- und Nachteile jeder einzelnen auf.
Erbitten Sie die Hilfe einer Person, die Ihnen, objektiv und ohne zu werten, hilft, die Situation einzuschätzen. (Eventuell sollten Sie auch die vorhergehenden zwei Schritte mit dieser Person durchgehen.)
Wenn Sie dazu neigen aufzugeben, fragen Sie sich, warum und warum jetzt. Sind die Gründe gerechtfertigt, oder hoffen Sie lediglich, dadurch etwas Unangenehmes zu vermeiden, wie eine Peinlichkeit oder Eintönigkeit?
Wenn Sie sich entschließen durchzuhalten, vergewissern Sie sich der Hilfe und der Unterstützung einer vertrauenswürdigen Person.

33 Andere über unser Leben bestimmen lassen

Es ist nicht leicht, das Glück in uns zu finden, doch anderswo finden wir es schon gar nicht.

Agnes Repplier

Fran, zweiunddreißig Jahre alt und Assistentin in einem Rechtsanwaltsbüro, bezeichnete sich selbst als »die personifizierte Liebenswürdigkeit«. Ich würde eher sagen, sie litt unter dem, was ich »Cheshire Cat Syndrome« nenne, und auch sie selbst meinte, sie komme sich vor wie die Katze in Alice im Wunderland, die zwischen sichtbar und unsichtbar hin- und herwechselt, ohne ihr Lächeln zu verlieren. Fran hatte stets ein Lächeln auf den Lippen – bei ihren Eltern, Chefs, Freunden und Liebhabern –, nur jetzt in der Therapie verzog sie schmerzhaft das Gesicht. »Ich werde immer unsichtbarer«, klagte sie, »ich habe Angst, irgendwann überhaupt nicht mehr dazusein, und ich weiß nicht, wie ich das verhindern kann.«

Wie Fran liegt manchen Menschen so viel daran, was andere über sie denken, daß sie sich selbst aus den Augen verlieren. Es ist, als ob sie auf der »Straße der Selbstachtung« ein »Mauthäuschen für die Meinung anderer« passieren müßten und beim Durchfahren jedesmal mit einem Stück ihrer Identität bezahlten.

Viele der Erwachsenen, die sich bei mir einer Therapie unterziehen, erinnern sich nur sehr schwach daran, wie sie als Kinder waren, während ihnen andere Menschen sehr gut im Gedächtnis geblieben sind. Sie erinnern sich, wann Mutter und Vater glücklich oder traurig waren, begeistert oder niedergeschlagen, fröhlich oder verärgert. Das kommt daher, daß sie als Kinder gelernt haben, einen verärgerten Vater zu besänftigen oder eine traurige Mutter zum Lächeln zu bringen – oder zu vermeiden, sie zu verärgern oder traurig zu stimmen, um sich keiner Gefahr auszusetzen. Statt sich auf ihre eigene Vitalität, ihren Unternehmungsgeist und ihr eigenes Wachstum zu konzentrieren, zielten ihre Bemühungen darauf ab, ihr Heim ruhiger und sicherer zu machen. Ihr Selbstwert wurde folglich von dem bestimmt, was ihre Ernährer über sie dachten: Schienen die Eltern glücklich, wurden sie in ihrem Wert bestätigt, wirkten die Eltern unglücklich, fühlten sie sich schlecht und irgendwie schuldig.

> Bei jedem Schritt denke ich darüber nach, wie ich dich erfreuen könnte, und doch scheint dein Herz immer bedrückt zu sein.
>
> *Arthur Miller*

Wenn Sie in das Erwachsenenleben zu viele Überlegungen über die Wünsche und Bedürfnisse anderer mitgenommen haben, könnte es sein, daß Sie eine Persönlichkeit entwickelten, die beweisen, zeigen, leugnen oder gefallen muß. Sie verbringen dann viel Zeit damit, anderen Dinge zu beweisen, Ihren Wert zu zeigen, unangenehme Wahrheiten zu verheimlichen und zu gefallen – und all dies in dem Bemühen, sich sicher und geschätzt zu fühlen.
Wenn Sie glauben, den anderen etwas beweisen zu müssen, haben Sie das Gefühl, diese vertrauten Ihnen nicht. Sie denken dann: »Ich beweise ihnen, daß ich ihr Vertrauen verdiene.« Während dies von einem tiefen Gefühl der Verletzung herrührt, gehen die Wurzeln von Zeigen auf Verärgerung

zurück. Es ist die Reaktion auf die Wahrnehmung, daß die anderen Ihnen nicht glauben. Weil Sie annehmen, von ihnen als Heuchler oder Lügner gesehen zu werden, müssen Sie ihnen ständig Ihre Glaubwürdigkeit demonstrieren.

Verheimlichen wird von Angst erzeugt. Weil Sie meinen, die anderen seien intolerant und nachtragend, hüten Sie sich davor, von ihnen angegriffen zu werden, wenn Sie einen Fehler machen. Deshalb leben Sie ein heimliches Leben, sie entziehen sich der Kritik, aber auch Ihren wahren Gefühlen und Ihrer wahren Persönlichkeit. Die Motivation für Gefallen kommt üblicherweise aus dem Gefühl heraus, daß das Glücklichmachen anderer uns Liebe und Anerkennung einbringt. Sie beschwichtigen und besänftigen, um eine harmonische Umwelt zu schaffen. Gelingt Ihnen dies nicht, fühlen Sie sich unweigerlich schuldig.

Bis zu einem gewissen Grad verbinden die meisten Menschen in engen Beziehungen ihr Wohlbefinden mit der Gemütsverfassung des anderen. Tragisch wird es, wenn Sie so damit beschäftigt sind, zu beweisen, zu zeigen, zu verheimlichen und zu gefallen, daß Sie die Kontrolle über Ihr eigenes Leben verlieren und Ihre Bedürfnisse und Wünsche auf dem Altar des anderen opfern. Möglicherweise können Sie über eine bestimmte Zeit ein Leben in diesem Sinne führen und sich geloben, dies eines Tages wieder zu ändern. Doch wenn Sie zu lange warten, könnte es sein, daß Sie Ihren eigenen Weg nicht mehr finden.

Hilfreiche Einsicht

Du kannst nicht für andere leben, ohne dich selbst zu verlieren.

In Aktion treten

Stellen Sie fest, in welchem Ausmaß Sie eine Persönlichkeit sind, die beweisen, zeigen, verheimlichen und gefallen muß. Bewerten Sie sich selbst, indem Sie einen Maßstab von 0 bis 10 für jede dieser Charaktereigenschaften festlegen. Wieviel Energie wenden Sie in Ihren wichtigsten Beziehungen auf, um sich zu beweisen, wobei 0 für überhaupt keine und 10 für die gesamte steht. Tun Sie dann dasselbe für Zeigen, Verheimlichen und Gefallen.

Beläuft sich die Summe für alle vier Eigenschaften auf mehr als 20, leben Sie wahrscheinlich mehr für andere als für sich selbst. Sie unterdrücken Ihre eigenen Wünsche, Interessen und Ambitionen, damit andere einen bestimmten Eindruck von Ihnen bekommen.

Machen Sie sich klar, daß es nur zu einem geringen Teil in Ihrer Macht liegt, andere glücklich zu machen, und zu einem noch geringeren, sie glücklich zu halten.

Sagen Sie dem anderen, daß er nichts falsch gemacht hat, Sie sich aber bewußt geworden sind, Ihre Interessen zu sehr hinter die anderer zu stellen.

Machen Sie klar, daß Sie von jetzt an beabsichtigen, ehrlich Ihre Meinung zu sagen, und hoffen, dabei auf Verständnis zu stoßen.

Überwachen Sie Ihr Durchhalten, indem Sie sich einmal im Monat nach dem Schema von Schritt eins bewerten.

Suchen Sie nach Menschen, die nicht erwarten, daß Sie ihnen mehr Aufmerksamkeit schenken als sich selbst. Sie fühlen sich im Moment vielleicht nicht zu ihnen hingezogen, weil Sie das Gewohnte suchen, also Menschen, denen Sie gefallen wollen. Aber das Gewohnte ist möglicherweise nicht gut für Sie.

34 Zuviel dem Zufall überlassen

> Das Glück des Menschen liegt größtenteils in seinen eigenen Händen.
>
> *Francis Bacon*

Fast täglich bekommt ein Therapeut Sätze zu hören wie »Von jetzt an wird alles anders« oder »Ich werde das nie wieder tun«. Leider hört er aber genausooft »Nichts wird sich je ändern« oder »Ich habe wieder alles falsch gemacht«. Manchmal werden leichtfertig Versprechen gegeben, weil wir uns ganz einfach gut dabei fühlen. Wir beglückwünschen uns zu unseren guten Vorsätzen, und es gefällt uns, anderen ein gutes Gefühl zu vermitteln, wenn wir ihnen versichern, uns in Zukunft anders zu verhalten, sie nicht mehr zu verletzen, zu kränken oder zu enttäuschen. Diese Versprechen sind jedoch meist nicht mehr wert als Politikerworte vor der Wahl. Doch häufig sind unsere Versprechen ehrlich gemeint. Wir möchten, daß sich die Dinge ändern. Wir möchten uns anders verhalten. Das Problem dabei ist, daß wir alles dem Zufall überlassen; wir glauben, durch gute Vorsätze die Sache in Gang zu bringen und dann improvisieren zu können.

> Die Hölle ist mit guten Vorsätzen gepflastert.
>
> *Englisches Sprichwort*

Wenn Sie wirklich wollen, daß sich die Dinge ändern, müssen Sie wissen, wie dies zu bewerkstelligen ist. Sie benötigen einen Plan. Andernfalls sind die Chancen groß, daß Sie dieselben – oder noch schlimmere – Fehler wiederholen. Vielleicht bringen Sie Veränderungen auch in Gang, aber Sie halten nicht durch und müssen am Ende zugeben, sich zuviel vorgenommen zu haben. Wie die Natur versucht auch der Mensch, ein Vakuum zu vermeiden. Wenn Sie sich Unbekanntem gegenübersehen, fühlen Sie sich möglicherweise unvorbereitet und versuchen das Vakuum mit erprobtem und bewährtem Verhalten zu füllen, das Ihren neuen Absichten nicht entgegenkommt. Dies kann nicht nur zu Enttäuschungen führen, sondern auch zu echten Problemen. Ich habe das beispielsweise bei zwei hart arbeitenden Männern beobachtet, die vor ihrer Pensionierung standen. »Ich kann es nicht erwarten«, erklärten sie und zählten all die Reisen auf, die sie zu unternehmen beabsichtigten, und die Hobbys, denen sie sich widmen wollten. Aber sie hatten es versäumt, sich einen soliden finanziellen Rahmen zu schaffen, und am Ende standen sie nach einem arbeitsreichen Leben vor zerstörten Träumen. Andere haben zwar ihre Finanzen gut geplant, aber nicht ihre Zeit. Erkundigt man sich, was sie nach ihrer Pensionierung tun werden, erhält man zur Antwort: »Darüber mache ich mir Gedanken, wenn es soweit ist. Ich freue mich, einfach das zu tun, worauf ich Lust habe.« Doch kommt dann der Tag, wissen sie nicht, was sie mit sich anfangen sollen. Sie fühlen sich nutzlos und bringen ihre Umgebung zur Verzweiflung. Die Ehefrau eines dieser Männer meinte: »Er war nicht an vielem interessiert, als er jung und flexibel war, wie sollte er es heute sein, da er alt und unbeweglich ist?«

Ich habe das auch bei jungen alleinstehenden Frauen in den späten Dreißigern erlebt, die ihre biologische Uhr laut ticken hören. Sie möchten unbedingt ein Kind haben, ergreifen die erstbeste Gelegenheit, ganz gleich, ob der Partner passend ist oder nicht. Wenn man sich erkundigt, wie sie für das Baby sorgen wollen, wie sie Beruf und Kinderbetreuung unter einen Hut zu bringen gedenken oder ob sie sich eine größere Wohnung leisten können, machen sie geltend, daß mütterliche Liebe alle Hindernisse überwinden werde. Auch Liebende geben sich einer ähnlichen Illusion hin. Ob es sich bei ihnen um junge Romeos und Julias handelt oder um Romantiker mittleren Alters, die sich sicher sind, daß es diesmal anders werden wird, sie folgen ihrem Herzen, ohne im Kopf Überlegungen anzustellen, wie die Anforderungen eines Lebens zu zweit bewältigt werden können. Liebe überwindet viel, aber nicht alles.

> Wer auf sein Glück wartet, weiß nie,
> ob er am Abend zu essen hat.
> *Benjamin Franklin*

Zu vieles dem Zufall zu überlassen hat schlimme Folgen, besonders wenn es darum geht, sein selbstschädigendes Verhalten aufzugeben. Nehmen wir zum Beispiel einen Mann, der verspricht, seine Frau nicht mehr zu schlagen. Ernüchtert, zerknirscht und vielleicht sogar nach einer gerichtlichen Strafe, meint er es vielleicht auch ehrlich. Doch ohne sich einer Therapie zu unterziehen, bei der nach den Ursachen seiner Unzufriedenheit geforscht und gewaltloses Bewältigen von Konflikten geübt wird, wird er im Zustand der Verärgerung wahrscheinlich wieder in sein altes Verhalten zurückfallen.

Ähnlich verhält es sich bei Menschen, die sich geloben, mit dem Rauchen, dem Alkohol, den Drogen oder anderen schädlichen Gewohnheiten Schluß zu machen. Sie werden ihr Ziel nicht erreichen, wenn sie die Dinge dem Zufall überlassen. Es genügt nicht zu erklären: »Ich esse nie mehr über meinen Hunger.« Oder: »Ich gehe nie mehr Wetten ein.« Ohne einen Plan, wie mit der Versuchung umgegangen werden kann, sind die Chancen auf Erfolg gering. Menschen, die rigorose Diäten befolgen, verlieren zum Beispiel schnell viele Kilos, aber sie haben selten einen Plan, wie sie das reduzierte Gewicht halten können; deshalb sind sie am Ende wieder mindestens ebenso dick wie vorher. Das ist der Grund, warum ein Programm, wie das der Anonymen Alkoholiker, so erfolgreich ist. Es wird nach einem bestimmten Plan vorgegangen, es werden Methoden gezeigt, wie mit dem Trinken aufgehört und wie Abstinenz auf Dauer eingehalten werden kann.

> Zufall ist ein Wort ohne Sinn;
> es gibt für alles einen Grund.
>
> *Voltaire*

In *Field of Dreams* hört der von Kevin Costner gespielte Held eine Stimme, die sagt: »Wenn du daran arbeitest, werden sie sich erfüllen.« Daraufhin erstellt er einen Plan, hält sich daran, und seine kühnsten Träume werden wahr. Der Wunsch, daß sich etwas verändert, wird sich ohne eine Strategie, wie dies zu bewerkstelligen ist, nicht erfüllen. Nur wenn Sie einen Plan machen, können Sie daran arbeiten, und wenn Sie sich daran halten, werden Sie Ihr Ziel erreichen.

Hilfreiche Einsicht

Ein Gramm Planung ist soviel wert wie ein Pfund Glück.

In Aktion treten

Beginnen Sie mit dem Ziel vor Augen. Malen Sie sich klar und deutlich aus, wie Sie sich die Zukunft vorstellen.
Überlegen Sie sich genau, was Sie tun müssen, um dahin zu gelangen.
Teilen Sie Ihr Ziel möglichst in Teilabschnitte auf. Welche Schritte müssen Sie unternehmen, um jedes Teilziel zu erreichen?
Prüfen Sie noch einmal, ob der Plan machbar ist.
Überlegen Sie sich, welche Art von Hilfe Sie brauchen werden. Benötigen Sie Experten? Geld? Unterstützung oder Opfer seitens Ihrer Familie?
Finden Sie einen Weg, Ihre Fortschritte zu überwachen. Ohne diese regelmäßige Kontrolle werden Sie vielleicht nicht bis zum Ende durchhalten. Eine gute Methode ist, Ihren Plan offenzulegen; erzählen Sie Personen, denen Sie vertrauen, von Ihrem Vorhaben, und bitten Sie diese, Sie immer wieder zur Rechenschaft zu ziehen.
Regt sich in Ihnen ein Impuls, Ihr Vorhaben über Bord zu werfen, folgen Sie diesem nicht, es sei denn, Sie haben eine Strategie zur Änderung Ihres Plans.

35 Unser Leben von Furcht bestimmen lassen

> Das einzige, was wir zu fürchten haben, ist die Furcht selbst.
>
> *Franklin Delano Roosevelt*

> Jedesmal, wenn wir unsere Furcht überwinden, entwickeln wir Kraft, Mut und Selbstvertrauen. Wir können dann zu uns selbst sagen: »Ich habe diesen Schrecken durchgestanden. Ich werde auch mit dem nächsten fertig.«
>
> *Eleanor Roosevelt*

Stan, ein zweiundfünfzigjähriger Maschinenbauingenieur in einem Luftfahrtunternehmen, fuhr jeden Morgen 65 Kilometer zu seiner Arbeitsstätte. Doch dann verunglückte er eines Tages mit dem Auto. Seine körperlichen Verletzungen waren bald ausgeheilt, aber seelisch wirkte der Schock noch nach. Er hatte entsetzliche Angst, sich wieder hinters Steuer zu setzen. Um seinen Job nicht zu verlieren, meldete er sich bei einer Mitfahrzentrale, doch auch als Beifahrer hielt er ständig den Atem an.

Ruth, dreiundvierzig Jahre alt, war Rektorin einer High-School und Mutter von drei Kindern. Als sie entdeckte, daß ihr Mann Ted eine Affäre hatte, erfaßte sie Panik. Obwohl er seinen Seitensprung aufrichtig bereute und sich bemühte, die ehelichen Probleme, die zu seiner Untreue geführt hatten, anzugehen, konnte Ruth die lähmende Angst, die sie

jedesmal überfiel, wenn er außer Sicht war, nicht überwinden. Es wurde so schlimm, daß sie fast an nichts anderes mehr denken konnte.
Was haben Stan und Ruth gemeinsam? Beide waren Opfer eines Traumas, und beide hatten fürchterliche Angst, der Vorfall könnte sich wiederholen.

> Man braucht im Leben nichts
> zu fürchten. Man muß nur lernen
> zu verstehen.
>
> *Marie Curie*

Traumata treffen uns meist auf zweierlei Weise. Einmal wird unsere Arglosigkeit und unser Gefühl der Sicherheit erschüttert. Zum anderen haben wir Angst, daß es sich wiederholen könnte. Wo früher Vertrauen herrschte, regiert nun die Angst. Nachdem unsere innere Verwundbarkeit bloßgelegt wurde, sind wir überzeugt, bei einer Wiederholung unheilbar verletzt zu werden und es vielleicht nicht zu überleben. Diese schreckliche Befürchtung kann zur Zurückgezogenheit führen und sich im Extremfall zu einer Phobie steigern, der äußersten Form der Verweigerung.
Leider ist es so, daß die Angst vor einem zweiten Trauma schlimmer sein kann als das eigentliche Trauma. Ruths Angst war so stark, daß sie annahm, ihr Ehemann, ein Chirurg, wäre bei einer anderen Frau gewesen, wenn er zu müde war, um mit ihr zu schlafen. Sie fürchtete sich so sehr vor anderen Frauen, daß sie Ted kein Gesellschaftsleben mehr zubilligte. Sie überprüfte selbst seine Krankenakten, um zu sehen, wer seine Patientinnen waren. Im Laufe der Zeit wurden Ruths Wahnvorstellungen zu einer größeren Bedrohung der Ehe als Teds Seitensprung.
Die Angst, daß das Schlimme sich wiederholen könnte, hat

ihre Wurzeln in der frühen Kindheit. Stößt einem Kind ein Trauma zu – stürzt es beispielsweise vom Fahrrad oder verletzt es sich beim Kopfsprung am Beckenboden –, fühlt es sich ungeschützt. Machen die Eltern nun viel Aufheben um den Vorfall, wird in den Augen des Kindes aus einer Maus ein Elefant: »Wenn Mutter und Vater so aus dem Häuschen sind, muß es wirklich schlimm gewesen sein, deshalb versuche ich es lieber nicht noch einmal.« Gehen andererseits die Eltern mit dem Trauma zu leichtfertig um, fühlt sich das Kind, neben seinem körperlichen Schmerz, auch allein gelassen, wobei das Alleingelassensein beängstigender sein kann als die Verletzung. In beiden Fällen wird sich das Kind nicht wieder aufrappeln und es noch einmal versuchen. Diese emotionale Erinnerung ruht verborgen in der Seele. Wird im Erwachsenenalter durch ein erneutes Trauma dieses Gefühl wieder hervorgerufen, schützen wir uns, indem wir uns hinter einer psychologischen Barriere verschanzen oder von der Angst einer Wiederholung besessen sind.

Die Überwindung der Angst ist
der Beginn der Weisheit.

Bertrand Russell

Kluge Eltern trösten ihre traumatisierten Kinder und ermutigen sie dann, es noch einmal zu versuchen, bevor die Angst sie lähmt. Wenn die Kinder in das Schwimmbecken springen oder sich wieder auf ihr Fahrrad setzen, ohne sich weh zu tun, lernen sie, daß sie robust sind. Sie lernen auch, daß es keine Wiederholung zu geben braucht, wenn sie sich gegen die Angst wehren und in Aktion treten.

Genau das gleiche sollten Erwachsene tun, wenn sie traumatisiert werden. Nur wenn wir mit unserem Leben fort-

fahren und zuversichtlich handeln, können wir die Angst überwinden. In Stans Fall überzeugte ich ihn, wieder selbst Auto zu fahren, zuerst auf Nebenstraßen, dann auf Hauptstraßen und schließlich auf der Autobahn. Die Lösung für Ruth war, so zu tun, als ob sie ihrem Ehemann wieder vertraute. Sie zwang sich, ihm eine gute Fahrt zu wünschen, wenn er beruflich außerhalb zu tun hatte, und bei geselligen Zusammenkünften klammerte sie sich nicht an ihn, wann immer eine andere Frau in die Nähe kam. Da Ted sich wieder als treu erwies, konnte Ruth ihm wieder Vertrauen schenken und weiter ihr Leben leben.
Wenn Sie im Auf und Ab des Lebens eine Verletzung erlitten haben, ist es normal, Furcht zu empfinden. Es ist auch normal, das Gleichgewicht zu verlieren, und es ist ebenfalls normal, sich hinter einer schützenden Mauer verbergen zu wollen. Doch je eher Sie wieder am Leben teilnehmen, desto geringer ist die Gefahr, daß Sie zum Opfer werden. Handeln überwindet die Furcht.

Hilfreiche Einsicht

Furcht zu haben bedeutet nicht, daß Sie in Gefahr sind.

In Aktion treten

Machen Sie sich klar, daß Sie nicht schwach sind, nur weil Sie sich verwundbar fühlen. Geben Sie zu, daß Sie Angst haben, aber lassen Sie die Angst nicht Ihr Leben bestimmen. Akzeptieren Sie die Tatsache, daß manche Ereignisse nicht vorhergesehen oder verhindert werden können.
Machen Sie sich klar, daß ein Leben in ständiger Besorgnis

und eine Verweigerungshaltung mehr Unheil anrichten können als das, wovor Sie sich fürchten.

Kehren Sie so schnell wie möglich zu Ihrem normalen Leben zurück. Wenn Sie es nicht auf einmal tun können, machen Sie kleine, sich steigernde Schritte hin zur Normalität.

Suchen Sie, wenn nötig, die Hilfe einer vertrauenswürdigen Person, die Sie ermutigt, mehr zu tun, als Sie glauben.

Beobachten Sie, wie jede Handlung Ihre Angst verringert. Es ist wie eine Impfserie.

Zählen Sie auf Ihre Unverwüstlichkeit. Sie haben dieses eine Trauma überlebt, demzufolge werden Sie auch mit dem nächsten fertig.

36 Nach einem Verlust nicht wieder nach vorne blicken

> Schmerz ist die Agonie eines
> Augenblicks; das Versinken im
> Schmerz der Fehler eines Lebens.
>
> *Benjamin Disraeli*

Marie hatte den schlimmsten Verlust erlitten, der Menschen treffen kann: den Tod eines Kindes. Dieser Schicksalsschlag wurde bei Marie noch dadurch verschlimmert, daß ihre erwachsene Tochter brutal von einem Mann ermordet wurde, dessen Annäherungen sie zurückgewiesen hatte, und es sah so aus, als ob der Mörder ungestraft davonkommen würde. Außerdem hatte Marie kürzlich ihre Mutter verloren, und bei einer Krebsoperation mußte ihr eine Brust entfernt werden. Sie sah keinen Grund, warum sie weiterleben sollte.

Um Zeit zu gewinnen, brachte ich sie dazu, mir zu versprechen, nicht Selbstmord zu begehen, bevor der Mörder ihrer Tochter vor Gericht gestellt wurde. Sie kam zu ihren Therapiesitzungen, doch ansonsten tat sie nicht viel mehr als in ihren Garten und auf die Fotos ihrer Tochter zu starren. Ihr Mann und ich drängten sie, wieder ihr normales Leben aufzunehmen, doch sie meinte: »Ich kann das nicht, ich muß erst über das, was geschehen ist, hinwegkommen.«

»Ganz im Gegenteil«, antwortete ich, »erst wenn Sie Ihr normales Leben wiederaufnehmen, werden Sie Ihr Leid überwinden.« Ich erklärte ihr, daß die quälenden Gedanken, die sie Tag und Nacht verfolgten, erst nachlassen würden, wenn

sie sich zwang, wieder aktiv zu sein und sich dadurch neue Erinnerungen zu schaffen.
Es ist sicherlich richtig zu trauern, und wir brauchen uns auch nicht vorzumachen, nicht mehr zu trauern, nur weil die übliche Trauerzeit vorbei ist. Doch wenn wir uns nicht irgendwann aufraffen und wieder aktiv am Leben teilnehmen, werden wir zu Sklaven der Vergangenheit, gefangen in dem hypnotischen Trancezustand einer immerwährenden Trauer. Dann könnte das Jahr, in dem wir unseren Verlust erlitten haben, nicht nur zum schlimmsten Jahr unseres Lebens, sondern auch der Anfang vom Ende für uns werden.

> Die Vergangenheit ist nur der
> Anfang von einem Anfang, und
> alles, was ist und war, ist noch das
> Zwielicht der Morgendämmerung.
> *H. G. Wells*

Menschen, die einen schweren Verlust erleiden, zögern aus verschiedenen Gründen, ihr normales Leben wiederaufzunehmen. Vielleicht war die geliebte Person für ihre eigene Identität so wichtig, daß sie glauben, ohne sie nicht normal funktionieren zu können. Oder sie finden es tröstlich, von den anderen bemitleidet zu werden. Sie sind sich nicht bewußt, daß diese Menschen irgendwann kein Mitgefühl mehr aufbringen können und sie zu meiden beginnen. Menschen klammern sich auch an ihr Leid, um so den verstorbenen Menschen zu idealisieren. Dies mildert ihre Schuldgefühle, die sie wegen irgendwelcher Vorfälle noch empfinden. Und manche hängen auch dem Glauben an, ein Weitergehen im Leben entehre die verstorbene Person. Aber in all den Jahren, in denen ich mit sterbenden Patienten zu tun hatte, habe ich keinen einzigen zu seinen Nächsten

sagen hören: »Trauere ein Leben lang um mich.« Oder: »Bitte, heirate nicht wieder.« Im Gegenteil, sie sagen Sätze wie »Vergeude keine Zeit mit Trauern«, »Führe dein Leben weiter« oder »Ich möchte, daß du glücklich bist«. Viele Trauernde denken auch, daß das Leben nie mehr so sein wird wie bisher, warum sich also anstrengen? Doch das Ziel ist nicht, etwas zu ersetzen, was nicht ersetzt werden kann, oder etwas zu kopieren, was nicht kopiert werden kann, sondern einfach Gelegenheit für neue Erinnerungen zu schaffen.
Etwas vom Schwierigsten – und Wichtigsten – ist es, sich neue Erinnerungen in dem Teil des Lebens zu schaffen, in dem der Verlust erlitten wurde. Menschen, die einen Ehepartner verloren haben, neigen zum Beispiel dazu, sich mehr in ihre Arbeit zu vergraben oder mehr Zeit mit ihren Freunden und Kindern zu verbringen. Das ist zwar sicherlich besser, als sich zu isolieren, aber es ist nicht so konstruktiv, wie sich auf die Suche nach einem neuen Partner zu begeben. Wenn nach einer angemessenen Zeit der Trauer eine Beziehung zu einem anderen Mann oder einer anderen Frau aufgenommen wird, beschleunigt dies den Heilungsprozeß dadurch, daß im Bereich des Verlustes neue Erinnerungen geschaffen werden.

> Leid wird nur durch Handeln überwunden.
>
> *George Henry Lewes*

Natürlich braucht man nicht etwas Gleiches oder Entsprechendes zu suchen, und in manchen Fällen ist das auch nicht möglich. Marie, eine Frau mittleren Alters, kann zum Beispiel kein weiteres Kind mehr bekommen. Doch sie kann ihre Energie auf ein ähnliches Feld lenken. Ihre Tochter war für sie ein Mensch, der sie brauchte und für den sie sorgen konnte. Dann fühlte sie eine große Leere in sich. Auf mein Drängen hin arbeitete sie ehrenamtlich in einem Krankenhaus und schloß sich einer Selbsthilfegruppe für Eltern von ermordeten Kindern an. Schließlich nahm sie eine verzweifelte junge Frau unter ihre Fittiche, deren Ehemann ermordet wurde. Sich auf diese Weise anderer anzunehmen erfüllte Marie mit neuer Energie. Sie ging auch selbstbewußter mit den Behörden um, deren Aufgabe es war, den Mörder ihrer Tochter aufzuspüren, und sie wurde Mitglied einer Gruppe, die sich für die Rechte von Verbrechensopfer einsetzt. Nun, drei Jahre nach dem schlimmsten Trauma ihres Lebens, ist das Leben für sie wieder sinnvoll geworden.

Wenn Sie einen schweren Verlust erleiden, müssen Sie die Tatsache akzeptieren, daß das Leben nie mehr so sein wird wie bisher. Wenn Sie Ihren Verlust nicht überwinden können, versuchen Sie sich neue Erinnerungen zu schaffen, und vielleicht wird Ihr Schmerz mit der Zeit abklingen.

Hilfreiche Einsicht

Versuchen Sie Ihren Verlust zu überwinden, indem Sie sich neue Erinnerungen schaffen.

In Aktion treten

Falls Sie nach dem Tod eines geliebten Menschen Ihr Haus in ein Mausoleum verwandelt haben, versuchen Sie es wieder zu einem Haus für Lebende zu machen. Wenn es nötig sein sollte, schaffen Sie einen Raum mit Erinnerungsstücken an den verstorbenen Menschen, oder begrenzen Sie die Erinnerungen auf ein Fotoalbum.

Gönnen Sie sich jeden Tag weniger Zeit, um über die Vergangenheit nachzusinnen.
Beginnen Sie, sich neue Erinnerungen zu schaffen, um die Intensität der schmerzhaften Erinnerungen zu lindern. Machen Sie bei neuen Projekten mit, und lernen Sie neue Leute kennen.
Statt sich nur die Zeit zu vertreiben, sollten Sie versuchen, sinnvolle Tätigkeiten zu finden, die Ihre Selbstachtung stärken und auf die Sie stolz sein können. Kümmern Sie sich beispielsweise um Menschen, denen es schlechter geht als Ihnen.
Schließen Sie sich einer Selbsthilfegruppe an. Nur jemand, der dasselbe mitgemacht hat, kann überzeugend »Ich weiß, wie du dich fühlst« sagen und Ihnen das Gefühl geben, nicht mehr so allein zu sein.

37 Eine Sache nicht zur richtigen Zeit beenden

Ich habe meine Tage damit verbracht, mein Instrument zu stimmen, doch das Lied, das ich singen wollte, habe ich nie gesungen.
Rabindranath Tagore

Ich werde von einer erstaunlich großen Zahl von Patienten nicht dann aufgesucht, wenn sie sich in einer unbefriedigenden Lage befinden, sondern wenn sie sich aus dieser befreit haben. So ist es ihnen möglicherweise endlich gelungen, sich aus einer unglücklichen Ehe zu lösen, einen frustrierenden, aussichtslosen Job aufzugeben oder keine Zeit und Energie mehr in ein erfolgloses Unternehmen zu investieren. Nun, da sie eigentlich erlöst und befreit sein sollten, sind sie verwirrt und voll des Bedauerns. Sie bedauern, daß sie sich mit ihrer unglücklichen Situation so lange abgefunden haben, obwohl sie sich bereits früher daraus hätten lösen können. Und sie sind verwirrt, weil sie nicht begreifen können, warum es so lange gedauert hat, bis sie die Initiative ergriffen.

Es gibt zahlreiche Gründe, warum Menschen zu lange in unbefriedigenden Situationen verharren. Zum einen vermeiden sie so das Risiko einer Veränderung; sie ziehen es oft vor, familiäre Schwierigkeiten zu ertragen, als Unbekanntem ins Auge zu blicken. Was ist, wenn sie diesen nervtötenden Job aufgeben und keinen besseren finden oder aus einer schlechten Ehe ausbrechen und am Ende einsam und verlassen dastehen? Es enthebt sie auch der Verantwortung, eine schmerzhafte Entscheidung treffen zu müssen. »Ich kann den Gedanken nicht ertragen, dem Menschen, den ich liebe, weh zu tun.« Diesen Satz habe ich von vielen unglücklichen Ehepartnern gehört. Die Aussicht, sich schuldig zu fühlen, weil man ein Versprechen gebrochen und den Partner verlassen hat, ist oft Grund genug, am Gewohnten festzuhalten.

Es gelingt ihnen, sich selbst zu überzeugen, daß es weiser ist, alles beim alten zu lassen. Sie trösten sich, indem sie sich einreden, es werde sicherlich besser werden, das Leben sei nun einmal hart, und wer glaube, es werde anders, wenn die Umstände sich verändern, sei ein Dummkopf. Sie finden sich mit dem Gedanke ab, daß sie keinen besseren Partner, keine bessere Arbeitsstelle, kein besseres Haus oder was auch immer finden werden, und glauben, es sei besser, sich mit dem, was sie haben, zufriedenzugeben.

Ich werde dir ein großes Geheimnis
anvertrauen, mein Freund.
Warte nicht auf das Jüngste Gericht,
denn es findet täglich statt.

Albert Camus

Doch solche Überlegungen fordern einen hohen Preis. Wenn Sie zu lange warten, kann es irgendwann zu spät sein. Ihre Optionen können auslaufen und mit ihnen jede Gelegenheit, eine Wendung zum Besseren zu erreichen. Vielleicht beginnen Sie auch, an sich selbst zu zweifeln: »Ich strenge mich nicht genügend an, vielleicht sollte ich mehr tun.« Und am Ende erwarten Sie von sich selbst mehr, als zumutbar ist, oder Sie versuchen mehr zu tun, als von Ihnen verlangt werden kann, und selbst diese verstärkten Bemühungen bringen keine Veränderung. Schließlich haben Sie das Gefühl, nicht mehr Ihr eigenes Leben zu leben. Sie können sich für nichts mehr begeistern und über nichts mehr freuen. Wenn Sie Glück haben, geschieht etwas, was nicht einer gewissen Ironie entbehrt: Sie werden so unglücklich und so griesgrämig, daß sich die Situation ohne Ihr Zutun verändert – Ihr Partner hält es nicht mehr länger mit Ihnen aus und verläßt Sie, oder Ihr Chef verliert die Geduld und wirft Sie hinaus. Aber die Wahrscheinlichkeit, daß Sie sich verschleißen und vorzeitig alt fühlen, ist größer. Zu lange zu warten kann zu einer Katastrophe führen. Ein mir bekannter Arbeitgeber hatte bei einem neuen Angestellten ein ungutes Gefühl, aber weil er Hoffnungen in ihn setzte, behielt er ihn – gerade lange genug, um mit 20 000 Dollar betrogen zu werden. Ein anderes Beispiel ist eine achtunddreißig Jahre alte Frau, die, obwohl ihre biologische Uhr immer lauter zu ticken begann, an ihrem Verlobten festhielt, in der Hoffnung, dieser ändere seine Meinung über Kinder. »Er liebt Kinder«, erläuterte sie mir, »aber im Moment ist er so mit seiner Karriere beschäftigt.« Außerdem redete sie sich ein, in ihrem Alter sowieso niemand Passendes mehr finden zu können. Als ich sie das letzte Mal sah, stand sie vor ihrem 41. Geburtstag und war noch immer kinderlos.

> Das Leben ist eine Reise mit eigenen Gesetzen des Wandels und der Veränderung, und der Versuch, sich diesen entgegenzustellen, birgt immerwährende Gefahr.
>
> *Laurens van der Post*

Der Lust auf eine Veränderung sollte natürlich auch nicht allzu bereitwillig nachgegeben werden, sonst riskieren Sie eine andere selbstschädigende Verhaltensweise: zu schnell aufzugeben. Achten Sie auf Anzeichen, die verraten, daß die Lust auf eine Veränderung mächtig und ernsthaft ist. Sie verlieren das Interesse, die Begeisterung und die Konzentration – oder im Falle einer Liebesbeziehung das Verlangen nach dem anderen. Vielleicht fühlen Sie sich schuldig, weil Sie sich nicht genügend anstrengen, aber das Problem könnte sein, daß Ihr Herz nicht länger bei der Sache ist. Ein anderes Zeichen ist, wenn Sie häufig Phantasien nachhängen, sich zum Beispiel vorstellen, eine andere Arbeitsstelle zu haben oder einen anderen Partner. Daß eine Veränderung überfällig ist, läßt sich auch erkennen, wenn Sie bei gewissen Gelegenheiten melancholisch oder depressiv werden. Geburtstage, Silvesterabende, Hochzeitstage, Arbeitsjubiläen sind nicht nur Anlässe zum Feiern, sondern auch, um Bilanz zu ziehen.

Überkommt Sie in solchen Momenten ein Gefühl der Stagnation, des Rückschritts, haben Sie das Empfinden, weit hinter Ihren Erwartungen zurückzubleiben? In diesen Fällen sollten Sie sich ernsthaft überlegen, eine Veränderung vorzunehmen.

Diplomaten sagen, daß sie es lieber mit einem bekannten Feind zu tun haben als mit einem unbekannten Verbündeten. Manchmal ist es jedoch weiser, sich dem Unbekannten zu stellen. Wenn Sie warten, bis Sie ausgebrannt sind, haben Sie vielleicht keine Kraft mehr für eine Veränderung.

Hilfreiche Einsicht

Manchmal schmecken die Kirschen in Nachbars Garten wirklich besser.

In Aktion treten

Stellen Sie ehrlich fest, wie stark Ihre Unzufriedenheit, Frustration und Misere ist.

Fragen Sie sich, wie Ihr Leben in fünf Jahren aussehen soll. Können Sie dies unter den augenblicklichen Umständen erreichen?

Überprüfen Sie realistisch die Wahrscheinlichkeit einer Veränderung der Situation. Besteht die Aussicht, daß sie zufriedenstellender wird? Können Sie etwas tun, damit dies verwirklicht wird?

Wie schlecht würden Sie sich fühlen, wenn Sie wüßten, daß es nie besser werden wird?

Überprüfen Sie Ihre Möglichkeiten, um herauszufinden, ob es realisierbare Alternativen zum Status quo gibt. Haben Sie mit Menschen gesprochen, die sich auf diesem Gebiet auskennen? Haben Sie mit Menschen gesprochen, die eine ähnliche Veränderung vorgenommen haben?

Untersuchen Sie, welches Risiko Sie eingehen, wenn Sie die jetzige Situation aufgeben. In welchem Verhältnis steht das Risiko zu den Folgen einer Aufrechterhaltung des Status quo?

Wenn Sie zu dem Schluß kommen, daß eine Veränderung das beste ist, stellen Sie einen genauen Plan auf, setzen Sie diesen in die Tat um, und lassen Sie sich nicht durch Angst oder Schuldgefühle davon abbringen.

38 Nicht um Erfüllung der eigenen Bedürfnisse bitten

Bittet, so werdet ihr bekommen,
daß eure Freude vollkommen sei.
Evangelium nach Johannes

Um gut mit den anderen auszukommen, sollte man sie nur um das bitten, was sie geben können.
Tristan Bernard

In ihrer vierzehnjährigen Ehe verbrachten Wendy und Jack Forrestal die Weihnachswoche jedes Jahr am selben Ort. In dieser Zeitspanne zogen sie zwei Kinder groß und erlebten gute und schlechte Zeiten. In den letzten fünf Jahren war das weihnachtliche Ritual für beide zur langweiligen Routine geworden. Jeder hatte Lust auf eine Abwechslung, doch keiner sagte: »Können wir dieses Jahr nicht einmal woanders hingehen?« Weil beide annahmen, der andere wäre traurig, wenn die Tradition gebrochen würde, gaben sie vor, Spaß an der Sache zu haben.
Bei Forrestals stand relativ wenig auf dem Spiel, und die zu erwartenden Folgen waren nicht sehr gravierend. Das ist jedoch nicht immer so, wenn wir es versäumen, unseren Bedürfnissen oder Wünschen Ausdruck zu verleihen. Dabei kann es sich um etwas so Prosaisches handeln wie der Wunsch, zum Flughafen gefahren zu werden, doch wenn wir unser Anliegen nicht offen zur Sprache bringen, können die Folgen schwerwiegender sein. Nehmen wir als Beispiel folgende typische Situation: Ozzie macht eine Andeutung, in

der Hoffnung, dadurch das zu erreichen, was er gerne möchte, ohne es deutlich aussprechen zu müssen. »Ach, ich muß um sieben Uhr am Flughafen sein«, sagt er zu Harriet. Während er auf ihr Angebot wartet, ihn zu fahren, wird er immer deprimierter. Als es Zeit ist, ein Taxi zu rufen, ist er verärgert. Im stillen hat er all seine Dienste für Harriet Revue passieren lassen und ist zu dem Schluß gekommen, daß sie egoistisch und rücksichtslos sei. Die Atmosphäre ist gespannt, und Harriet hat nicht die leiseste Idee, warum. Hätte sie es gewußt, hätte sie protestieren können: »Du lieber Himmel, warum sagst du nicht, daß du gefahren werden möchtest?« Solche Mißverständnisse können eine Freundschaft in Gefahr bringen.

Quälender und bei weitem schlimmer ist es, wenn bedeutendere Bedürfnisse nicht erwähnt werden. So bitten viele ältere Mütter und Väter ihre Kinder nicht um Hilfe, weil sie befürchten, daß diese dann auf Distanz gehen oder sie in ein Altenheim abschieben. Oder sie möchten ihren vielbeschäftigten Kindern keine Zeit wegnehmen, die sie mit ihren eigenen Familien verbringen könnten. Kommt es dann irgendwann zu einer Notlage, rufen die Kinder, statt einfach das zu tun, was nötig ist, entsetzt: »Warum hast du mir nie etwas gesagt?«

Auf keinem Gebiet ist dieses selbstschädigende Verhalten besser zu veranschaulichen, aber auch kontroverser, als im Bett. Trotz der Flut von Ratschlägen in Zeitschriften und Ratgebern ist das Aussprechen unserer sexuellen Wünsche ein explosives Thema. Derjenige, der seine Wünsche vorbringt, benötigt Mut und Vertrauen in den anderen, und derjenige, der sie entgegennimmt, Vertrauen in die eigene Person. Im Bereich der Sexualität sind wir so empfindlich, daß wir einen Wunsch gerne als Kritik auffassen; wir sagen uns, wenn man uns um etwas bitten muß, machen wir etwas falsch. Der Partner, der ein Bedürfnis hat, muß sich entscheiden, was für ihn das größere Risiko darstellt: Die Frustration, wenn er warten muß, bis der Partner herausfindet, was er möchte (oder nicht möchte), oder eine mögliche Verletzung der Gefühle seines Partners, wenn er seine Wünsche äußert.

Ob es sich nun bei Ihrem Bedürfnis um etwas Wichtiges oder Triviales handelt, bevor Sie lernen, ihm Ausdruck zu geben, müssen Sie den Drang überwinden, es zu verschweigen. Folgende gute Gründe halten uns zurück, unsere Bedürfnisse zu äußern:

1. Wir möchten dem anderen nicht weh tun und ihn nicht kränken.
2. Es hilft uns zu leugnen, daß wir die anderen brauchen. Männer neigen besonders dazu, es als ein Zeichen der Schwäche zu sehen, der Hilfe anderer zu bedürfen, und sie setzen gerne Bitten mit Betteln gleich.
3. Es schafft das innere Gefühl, ein wertvoller Mensch zu sein. Ob wir uns dessen bewußt sind oder nicht, die meisten von uns merken sich genau, was sie geben und erhalten. Wenn wir unsere Wünsche für uns behalten, gibt uns das ein Gefühl der Hochherzigkeit und Selbstlosigkeit – und wir glauben, uns Guthaben für die Zukunft zu schaffen.
4. Es könnte auch sein, daß wir als Ausgleich ebenfalls um etwas gebeten werden. Wir befürchten, bei der Erfüllung unseres Bedürfnisses Verpflichtungen einzugehen, aus denen der andere Vorteile ziehen könnte.
5. Wir möchten es nicht riskieren, abgewiesen zu werden. Wenn ich Patienten frage, warum sie nicht um das bitten, was sie brauchen, sagen sie oft: »Ich wüßte nicht, wie ich reagieren würde, wenn meine Bitte abgeschlagen wird.« Sie

haben Angst, in ihrer Enttäuschung etwas zu tun, was Sie später bereuen könnten, oder der Beziehung zu schaden oder sie sogar zu zerstören.

6. Wir denken auch, wir sollten nicht darum bitten müssen. Diese Illusion spiegelt den kindlichen Wunsch wider, von der anderen Person hundertprozentig verstanden zu werden. Wir wünschen uns jemanden, der unsere Bedürfnisse von selbst erkennt und sie erfüllt, so, wie unsere Eltern dies taten, als wir klein waren.

Wenn wir darauf warten, daß andere unsere Bedürfnisse erfüllen, warten wir wahrscheinlich vergeblich. Und während dieser Zeit entwickeln wir voraussichtlich eine Reihe von Problemen. Wir sinnieren über unsere unerfüllten Wünsche nach, und die empfundene Benachteiligung kann uns zu launischen, abweisenden und verdrossenen Menschen machen. Schließlich sammelt sich Groll an, weil wir glauben, daß die anderen ganz genau wüßten, was wir brauchen, es uns aber verweigern. Auch die Versuchung, die Leere auf eine andere Art und Weise auszufüllen, kann größer werden und zu törichtem oder, schlimmer noch, zu einem zwanghaften Verhalten – Alkohol- oder Drogenmißbrauch, Promiskuität, Spielsucht usw. – führen, was zu dem Gefühl der Vernachlässigung noch Scham und Schuld hinzukommen läßt.

Es hat nichts mit Schwäche zu tun, wenn Sie um das, was Sie brauchen, bitten. Es ist auch nicht egoistisch oder ungehörig – solange das, worum Sie bitten, fair, zumutbar und angemessen ist. Und es ist nicht unnötig. Denn um etwas zu bitten kann der einzige Weg sein, es zu bekommen, und weil Sie jetzt auch ohne es leben können, bedeutet nicht, daß dies weiterhin so sein wird.

Hilfreiche Einsicht

Sie brauchen um das, was Sie möchten, nicht zu bitten, solange es Sie nicht stört, wenn Sie es nicht haben.

In Aktion treten

Akzeptieren Sie Ihre Bedürfnisse. Wir alle haben welche, und irgendwann machen sie sich bemerkbar.
Was immer Ihr Bedürfnis ist, stellen Sie fest, ob es für Sie lebensnotwendig ist. Auf manche Bedürfnisse sollte man um der Beziehung willen verzichten. Doch wenn der Verzicht Sie bekümmert und Sie sich in Ihrer Phantasie vorstellen, das Gewünschte zu haben, ist das Bedürfnis wahrscheinlich zu stark, um ignoriert zu werden.
Wenn Sie sich nicht äußern, weiß der andere vielleicht gar nicht, was Sie brauchen. Nur wenige unter uns können Gedanken lesen.
Bitten Sie um das Gewünschte, ohne zu fordern, zu kritisieren oder sich zu beklagen.
Stellen Sie Ihr Bedürfnis als eine Tatsache dar. Statt sich darauf zu konzentrieren, was Ihnen bis jetzt gefehlt hat, sollten Sie mitteilen, was Sie von jetzt an haben möchten.
Geben Sie dem anderen die Möglichkeit, ja oder nein zu sagen. Sie dürfen auf ein Ja hoffen, aber versuchen Sie nicht darauf zu bestehen.
Der richtige Zeitpunkt ist wichtig. Handelt es sich um ein sexuelles Bedürfnis, bitten Sie nicht im Bett darum. Lassen Sie es vielmehr Teil Ihres Auftakts zu einer zärtlichen Stunde sein, indem Sie beispielsweise fragen: »Weißt du, was ich gerne tun würde, wenn du heute abend heimkommst?« Oder

sagen Sie beim Betrachten eines erotischen Filmes oder bei der Lektüre eines Buches: »Das möchte ich irgendwann auch einmal ausprobieren.«

39 Ratschläge erteilen, wenn eigentlich etwas anderes gewünscht wird

Das erste Gebot der Liebe ist zuzuhören.

Paul Tillich

Elizabeth stürmt ins Haus und schreit los: »Du wirst nicht glauben, was passiert ist. Ich habe wochenlang geschuftet, um dieses Angebot zu erstellen, und er macht die Präsentation ohne mich. Er hat mich nicht einmal anerkennend erwähnt und mir auch nicht persönlich gedankt!«
Während sie weiter tobt, windet sich ihr Mann Dave in seinem Sessel und sucht nach Worten, die sie beruhigen könnten. Schließlich unterbricht er sie: »Guter Gott, Liz, du regst dich wirklich zu sehr auf.«
»Ich rege mich zu sehr auf! Ich verdiene es, respektiert zu werden und nicht ...«
»Warum läßt du dich von ihm so in Rage bringen?«
»Vielen Dank. Ich weiß nicht, warum ich mir die Mühe mache, dir überhaupt davon zu erzählen.«
Sie wissen selbst, wie es nun weitergeht. Was mit Elizabeths Bedürfnis, ihrer Wut Ausdruck zu verleihen, begann, endet in einem bitteren Streitgespräch. Das kommt in vielen Zweierbeziehungen vor. Eine Seite wendet sich an die andere, um Trost und Hilfe zu empfangen, und hat dann das Gefühl, daß ihre Empfindungen nicht genügend ernst genommen werden. Die Wut richtet sich am Ende gegen die Person, bei der sie Verständnis gesucht hat.

> Wir alle können gute Ratschläge geben. Es ist einfach und kostet nichts.
>
> *Robert Burton*

Diese Art von Interaktion ergibt sich, wenn wir nicht wissen, wie wir mit den explosiven Gefühlen des anderen umgehen sollen. Wir möchten ihm helfen, über seinen Schmerz hinwegzukommen und sich zu beruhigen. Es erscheint uns am ratsamsten, den Versuch zu unternehmen, die Sache wieder in Ordnung zu bringen. Wir bringen vermeintlich vernünftige Ratschläge vor wie »Komm, laß uns einmal überlegen, was du für Alternativen hast« oder »Ich habe dir doch gesagt, du sollst diesen Job aufgeben«. Oder wir wollen die Situation entschärfen, indem wir versuchen, dem anderen eine neue Sicht der Dinge zu vermitteln: »Komm, nimm es nicht so tragisch.« – »Ich bin sicher, er hat es nicht so gemeint, ärgere dich nicht darüber.« Schlimmer noch, wir bagatellisieren das Geschehen, indem wir zum Beispiel sagen: »Sei doch froh, daß du überhaupt eine Arbeitsstelle hast.« Oder: »Du glaubst, das wäre schlimm. Habe ich dir je erzählt, wie es mir ergangen ist, als ...?« Solche Bemerkungen mögen ja gut gemeint sein, wirken aber gönnerhaft und nicht sehr sensibel. Was der andere aus ihnen heraushört, ist: »Du bist töricht, dich so aufzuregen.«

> Nichts ist wichtiger, als mit den anderen zu fühlen.
>
> *Friedrich von Hugel*

Besonders delikat sind solche Situationen, wenn sie sich zwischen Eltern und Kindern abspielen. Steve und Tina Robinson suchten mich wegen ihrer Tochter Nancy auf, ein liebenswürdiges neunjähriges Mädchen, das seit einiger Zeit Probleme mit anderen Kindern hatte. Sie zeigte ein aggressives, ungeduldiges und intolerantes Verhalten und verlor dadurch einige ihrer Freunde. Als die Eltern erfuhren, was sich abspielte, versuchten sie mit ihr darüber zu sprechen. Sie erklärten ihr, wie wichtig Freundschaften seien und was für Folgen es habe, wenn man andere schlecht behandele. Nancy reagierte darauf mit Schmollen. Die Robinsons redeten immer wieder auf sie ein, aber ihre Bemühungen lösten bei Nancy nur Wutausbrüche aus.

Als ich in meinem Büro von Nancy wissen wollte, was ihr Kummer bereite, bekam ich zur Antwort: »Nichts.« Ich versuchte noch einige Male, jeweils mit anderen Redewendungen, sie zum Sprechen zu bringen. Doch alles, was sie schließlich sagte, war: »Ich weiß es nicht.« Sanft bedrängte ich sie: »Irgend etwas stimmt doch nicht, du bist doch so ein liebes Mädchen.« Sie wiederholte zwar weiterhin, es nicht zu wissen, aber ich konnte sehen, daß sie nach einer anderen Antwort suchte. Dann, nach einer kurzen Stille, brach es aus ihr heraus: »Ich bin als erste geboren und werde deshalb auch als erste sterben«, und dabei brach sie in Tränen aus.

Es zeigte sich, daß Nancys Verhaltensänderung mit der Geburt ihres Bruders zusammenhing. Die normale Problematik der Anpassung an ein neues Geschwisterchen wurde bei ihr durch den Gedanken erschwert, daß sie als Ältere auch früher sterben müsse, und sie fühlte sich mit dieser Angst allein gelassen. Ihre Eltern hatten ihr Ratschläge und Orientierung geboten, aber da sie beide, im Gegensatz zu Nancy, keine Erstgeborenen waren, konnten sie ihre besondere Angst nicht verstehen. Was sie brauchte, war jemand, der ihr mit Geduld und Ausdauer half, ihre Gefühle zum Ausdruck zu bringen.

Wenn Menschen deprimiert und gekränkt sind, gilt es meist zwei Komponenten zu berücksichtigen. Einmal sind sie wegen der Situation, in der sie sich befinden, selbst frustriert – und zum anderen fühlen sie sich allein gelassen. Wir erkennen dies nicht, weil wir nur das eine hören: »Ich habe ein Problem.« Wir interpretieren dies als eine Bitte um Hilfe und reagieren darauf mit Ratschlägen. Dabei wünschen sie sich meist viel sehnlicher, sich weniger allein zu fühlen. Und vor allem wollen sie ernst genommen werden. Wenn wir versuchen, die Dinge in Ordnung zu bringen, ohne ihnen zuerst zu zeigen, daß wir ihren Schmerz und ihre Angst verstehen und mit ihnen fühlen, empfinden sie unsere Reaktion als kalt, nüchtern und distanziert, als ob wir ihren Schmerz nicht zur Kenntnis nehmen möchten.

Das eigentliche Problem ist, daß wir auf etwas Emotionales mit Logik reagieren. Der andere möchte Trost und Mitgefühl. Wenn wir nur einen Ratschlag anzubieten haben, ist es für ihn oft so, als ob wir sagten: »Die Tatsache, daß du deprimiert oder gekränkt bist, geht mir nicht nahe. Du nimmst am besten zwei Aspirin und versuchst zu schlafen.«

Wenn ein Mensch, der Ihnen nahesteht, Kummer hat, zeigen Sie ihm Ihr Mitgefühl, bevor Sie Ratschläge erteilen. Tun Sie dies nicht, wird sich sein Ärger auf Sie übertragen. »Du verstehst mich nicht«, wird er aufbrausen, worauf Sie antworten: »Natürlich verstehe ich dich. Du solltest dir das, was ich sage, zu Herzen nehmen.« Oder er wirft Ihnen vor, daß Sie ihn nicht ernst nehmen, worauf Sie antworten: »Ich nehme dich nicht ernst? Was willst du damit sagen? Würde ich dir Ratschläge geben, wenn es mir egal wäre?« Mittlerweile hat ein Energieaustausch stattgefunden: Jetzt sind Sie wütend, und er hat sich beruhigt.

Besser ist es, wenn Sie dem anderen sagen, daß sie seine Gefühle verstehen und daß Sie sich in ihn hineinversetzen

können: »Mensch, wenn mir das passiert wäre, wäre ich auch wütend.« – »Ich möchte auch nicht, daß mir so etwas passiert.« Oder: »Ich war auch einmal in einer solchen Lage. Es war schrecklich.« Wenn Sie sich so verhalten, wird er sich sofort weniger allein gelassen fühlen.
Gehen Sie dann noch einen Schritt weiter: Helfen Sie ihm, seine Gefühle in ihrer ganzen Tiefe zum Ausdruck zu bringen. Stellen Sie Fragen wie: »Fühlst du dich sehr schlecht?« Dies ist eine gute Methode, ihm Mut zu einer Aussprache zu geben. Er wird sich daraufhin beruhigen, so daß ein konstruktiveres Gespräch folgen kann.

Hilfreiche Einsicht

Erst wenn der andere weiß, daß Sie mit ihm fühlen, interessieren ihn Ihre Ratschläge.

In Aktion treten

Zeigen Sie, daß Sie die Gefühle des anderen wichtig nehmen, indem Sie ihn aussprechen lassen, ohne ihn zu kritisieren oder zu werten.
Wenn der andere schweigt, Sie aber das Gefühl haben, er sollte sich seinen Kummer von der Seele reden, versuchen Sie es mit Wer-, Was-, Wann-, Warum- und Wo-Fragen.
Wenn er immer noch nicht alles ausgesprochen hat, helfen Sie ihm, mehr in die Tiefe zu gehen, indem Sie Fragen stellen wie: »Fühlst du dich sehr schlecht?« Oder: »Hast du sehr Angst?«
Fällt die Erklärung vage aus, drängen Sie ihn sacht, bis er seine Antwort etwa folgendermaßen präzisiert: »Ich habe das

Gefühl, sterben zu wollen.« Oder: »Ich kann vor Angst nicht mehr schlafen.«

Als Regel gilt: Bieten Sie keine Ratschläge an, es sei denn, Sie werden darum gebeten. Wenn Sie nicht sicher sind, ob ein Ratschlag erwünscht ist, fragen Sie, ob Sie Hilfe oder Ratschläge anbieten dürfen.

40 Einen Rückzieher machen, weil wir glauben, noch nicht bereit zu sein

Nervosität erfüllt mich mit Energie. Sie hilft mir. Wenn meine Nerven Ruhe geben, wenn ich entspannt bin, fange ich an, mir Sorgen zu machen.

Mike Nichols

Zweifel zu haben ist ein unangenehmer, sich in Sicherheit zu wiegen ein absurder Zustand.

Voltaire

Paul, ein Strafverteidiger, fühlte sich im Alter von fünfzig Jahren fast gänzlich ausgebrannt. Er hatte genug von dem Streß, von den Winkelzügen der Behörden, von der weiten Fahrt in die Kanzlei, von den Alpträumen, in denen Angeklagte, denen er zum Freispruch verhalf, schreckliche Dinge taten. Er beschloß, sich einen langen Urlaub zu gönnen und dann eine kleine private Praxis in der Nähe seines Hauses zu eröffnen. Der Plan enthielt ein finanzielles Risiko, aber er hatte das Gefühl, daß es klappen könnte, wenn seine Familie einverstanden war, sich etwas zu bescheiden. Zu seiner Erleichterung unterstützten seine Frau und seine Kinder sein Vorhaben, und sie wurden auch nicht wankend, als die Zeit gekommen war, bei seinem Arbeitgeber zu kündigen. Doch Paul kamen plötzlich Bedenken. Er war kurz davor, seine Entscheidung rückgängig zu machen, als er mich aufsuchte. »Ich habe eine Riesenangst«, bekannte er.

»Vielleicht mache ich einen großen Fehler. Vielleicht bin ich ganz einfach noch nicht soweit.«
Paul unterlag einem Mißverständnis, mit dem viele von uns konfrontiert sind, bevor sie eine bedeutende Veränderung vornehmen oder ein neues Unternehmen starten. Er nahm an, daß »sich unwohl fühlen« gleichbedeutend ist mit »noch nicht soweit sein«.
Ob wir vorhaben, eine Bindung einzugehen, einen neuen Berufsweg einzuschlagen, Kinder zu haben oder jemandem unsere Meinung zu sagen – wir erwarten oft, von einer unerschütterlichen Bereitschaft erfüllt zu sein, keine Anspannung, keine Bedenken, keine Zweifel und kein Zögern zu spüren. Fühlen wir uns statt dessen unwohl, nehmen wir dies als ein Zeichen, noch nicht wirklich soweit zu sein. Diesem Gefühl nachzugeben kann jedoch schreckliche Folgen haben. Wenn wir auf unser Leben zurückblicken, bedauern wir nicht das, was wir taten, sondern das, was wir tun wollten und nicht taten.
Dabei ist es, wenn wir vor einer Herausforderung oder einer bedeutenden Veränderung stehen, normal, Ängste zu verspüren. Es ist normal, daß uns Gedanken wie »Werde ich es schaffen?« oder »Tue ich das Richtige?« durch den Kopf gehen. Doch wenn wir uns von solchen Gedanken beeinflussen lassen, müssen wir uns am Ende mit weniger zufriedengeben, als wir verdienen. Wenn wir es akzeptieren, daß ein gewisser Grad an nervöser Spannung nötig ist, um unseren Geist und unsere Sinne rege zu halten, können wir uns der Lage gewachsen zeigen und auf alles, was kommen mag, angemessen reagieren. Anders als im Kino, fühlen im wirklichen Leben selbst Helden ein gewisses Flattern der Nerven, bevor sie jemanden erretten. Selbst bekannten Sportlern und Schauspielern ist es vor ihrem Auftritt mulmig zumute. Aber sie sind nicht nur daran gewöhnt, sie haben

auch gelernt, ihre Nervosität in Motivation und Leistung umzuwandeln.
Diese Nervosität sollte jedoch nicht mit Panik verwechselt werden. Panik macht uns handlungsunfähig. Wäre Paul in einem Zustand der Panik gewesen, hätte auch ich gesagt, er wäre noch nicht soweit. Ich hätte ihm dies auch gesagt, wenn sein Plan unrealistisch gewesen wäre. Hätte er etwa die Absicht geäußert, seine Stelle aufzugeben, seine gesamten Ersparnisse abzuheben, ein Wohnmobil zu kaufen und seine Familie als umherziehender Musiker zu ernähren, hätte ich ihm den Rat gegeben, seinen mulmigen Gefühlen Beachtung zu schenken. Doch er hatte einen vernünftigen Plan gefaßt, um ein bedeutendes Problem zu lösen. Seine Ängste waren einem verantwortungsbewußten Familienvater angemessen, der vor einer großen Veränderung steht.
Es sollte auch unterschieden werden zwischen »bereit sein« und »vorbereitet sein«. Bereit sein bedeutet, genügend Mittel zu haben, um jegliche realistische Eventualitäten zu meistern. Vorbereitet sein bedeutet, im Besitz von dem zu sein, was eine bestimmte Gelegenheit erfordert. Zum Beispiel: Ich fühle mich bereit, praktisch jede Frage über Scheidungen zu beantworten, weil ich Tausende von Stunden mit Patienten verbracht habe, die durch diesen Prozeß gegangen sind. Doch trotz meiner Erfahrung wäre ich nicht in der Lage, meinen Psychiatriestudenten einen guten Vortrag über Scheidung zu halten, bevor ich ihn nicht schriftlich ausgearbeitet und einmal vorgetragen hätte. Jemand mit bedeutend weniger Erfahrung als ich könnte einen Vortrag zusammenstellen und ihn gut präsentieren. Er wäre auf diesen Vortrag vorbereitet, aber er wäre nicht unbedingt bereit und in der Lage, jemandem, der durch eine Scheidung geht, Fragen zu beantworten und Ratschläge zu geben.
So könnte es sein, daß die Besorgnis, die Sie fühlen, nicht

das Zeichen für eine mangelnde Bereitschaft, sondern vielmehr für eine mangelnde Vorbereitung ist. In diesem Fall können Sie Ihre Ängste durch eine sorgfältige Vorbereitung besänftigen. Aber erwarten Sie nicht, daß sämtliche Zweifel und Nervosität beseitigt werden. Diese Art des Denkens führt zu einem, wie ich es nenne, Null-Risiko-Trugschluß: Sie wollen eine Garantie, daß Ihnen auf Ihrem Weg nichts Unangenehmes oder Unerwartetes in die Quere kommt. Doch im Leben gibt es keine solchen Garantien. Es gibt immer Ungewißheiten, besonders wenn Sie es mit anderen Menschen zu tun haben. Deshalb lächeln Ehepaare still in sich hinein, wenn eine vor der Heirat stehende junge Braut oder ihr Partner kalte Füße bekommt. Sie wissen, daß sie oder er auf ein göttliches Zeichen wartet, das jeden nagenden Zweifel vor der Hochzeit beseitigt – ein romantischer, aber nicht ganz realistischer Wunsch.
Die Herausforderung ist nicht, das beklemmende Gefühl zu beseitigen, sondern zu erkennen, wann man für etwas bereit ist. Wenn Sie warten, bis Sie keinerlei Zweifel mehr hegen, könnte es sein, daß Sie so lange warten, bis das Leben an Ihnen vorbeigezogen ist.

Hilfreiche Einsicht

Nervös zu sein bedeutet nicht, nicht bereit zu sein.

In Aktion treten

Sind Sie versucht, einen Rückzieher zu machen, weil Sie sich noch nicht bereit fühlen, halten Sie inne, und stellen Sie einige Überlegungen an.

Fragen Sie sich, warum Sie glauben, noch nicht bereit zu sein. Führen Sie alle Gründe auf.
Fragen Sie sich, was nötig wäre, um sich bereit zu fühlen.
Fragen Sie sich, wie groß die Chancen sind, daß diese Voraussetzungen erfüllt werden. Was müßten Sie dafür tun? Ist es die Zeit und die Mühe wert?
Fragen Sie sich, ob Sie vorbereitet sind. Um diese Frage objektiv zu beantworten, sollten Sie sich bei Menschen mit Erfahrung erkundigen, wie man sich vorbereitet.
Denken Sie an Situationen in der Vergangenheit, in denen Sie einen Rückzieher gemacht haben. Waren dies im nachhinein weise Entscheidungen oder solche, die Sie bedauern?